領土という病

国境ナショナリズムへの処方箋

岩下明裕　編著

北海道大学出版会

はしがき

先般の、領土・国境ブームが嘘のようだ。東京・丸の内の八重洲ブックセンターに設けられていた特設コーナーは、反韓・反中本に置き換えられ、領土問題関係の本は中五階にひっそり並べられているに過ぎない。二〇一二年の喧噪、すなわち、メドヴェージェフ首相の国後再訪、李明博（イ・ミョンバク）大統領の竹島初上陸、そして何よりも繰り返される中国による尖閣に対する数々の「挑発」を受け、様々な領土・国境本が相次いで発売された。これら大半が半可通のトンデモ本であることに呆れ、日本人が有する領土問題に対する一方的な思い込みや幻想を乗り越える一助になればと、私も領土問題に関する本を自ら執筆するに至った。

他方で、これまで何度も強調してきたことだが、日本人の大多数にとって領土や国境問題は、一過性のものであり、センセーショナルなときにだけわっとビジネス化される商品に過ぎない。案の定、私が二〇一三年七月に刊行した『北方領土・竹島・尖閣、これが解決策』（朝日新書）は、朝日新聞、毎日新聞、北海道新聞などの文化欄で大きく取り上げられたにもかかわらず、また前著『北方領土問題――4でも0でも、2でもなく』（中公新書、二〇〇五年）で私を「平成の国賊」と罵った産経新聞社をこの本のなかで強く挑発したにもかかわらず、さほどの反響を呼ばず、たいして売れてもいない。『これが解決策』では北方領土を「三島」で割るどころか歯舞のみの先行返還を示唆し、竹島や尖閣については旧来の考え方を打破すべく、大胆な「妥協」案を提示したのだが、この程度ではもはや刺激が足りないのだろう。

本書『領土という病』の企画は、『これが解決策』とほぼ同時期に生まれたものである。きっかけは北海道大学出版会によるシンポジウム組織の依頼であった（第一章）。シンポジウムでは、領土や国境を議論する際に必須の前提とも言える政治地理学の知識や枠組みが日本でまったく共有されていないことを鑑み、日本でただ一人の（と言っていい）専門家（山﨑孝史）を軸に、地域に詳しい研究者（福原裕二）やジャーナリスト（本間浩昭：第二章も）、精緻な議論を広いパースペクティブで位置づけることができる政治思想研究者（土佐弘之）を招待して東京・品川で行った。シンポジウムでは、政治地理学で言う「領土の罠」を使うことで、領土、国境問題の理解が大きく変わることをあらためて実感した。とくに沖縄が抱える諸問題を米軍統治という歴史的経緯のみならず、空間構造的に「領土問題」として位置づけうる「領土の罠」の視座は本書の読者にとっても斬新に映るに違いない。

政治地理学で国境・領土を議論する際、もうひとつのポイントになるのが、構築（construct）という考え方だ。領土問題の存在や国境の壁は、フィジカルに国家や国境地域に暮らす住民に影響を及ぼす一方で、実は遠くに暮らす多数の国民にとっては想像の産物である。例えば、日本の領土問題を物理（面積）的に考えれば、万が一、ロシアとの北方領土問題が解決すれば日本の領土問題の九九・九％が解決したことになる。だが言説の様相はまったく異なる。ここ数年、日本の領土問題の圧倒的テーマは尖閣だ。八重洲ブックセンターに特設コーナーがあった頃、尖閣が占有する本のタイトルとして突出していた。全係争地の〇・一％程度の小島が、国民のナショナリズムを根幹から揺さぶる。領土問題がいかに構築されたものであるかという証左だが、この構造は日本のみならず中国や韓国にもあてはまる。とくに韓国は、自国が支配している竹島（独島）を（公式には否定しつつも）わざわざ世界に領土問題として盛大にアピールする不可思議な行為を続けている。これには〇・二三平方キロに過ぎない竹島（独島）をあくまで大きく構築したい別の理由がある。その多くが虚構であることは専門家の多くは熟知しているのだが（韓国人研究者でこれに触れることは研究者生命として「自殺」行為である。本書第一章福原報告および第四章一九四頁など参照）。

領土問題をこのように政治的に構築する所作の責任の一端はメディアにある。政治家や研究者が何を言おうが、それをセンセーショナルにするのは彼らだからだ。その意味で、領土問題を議論する際、領土問題や国境地域に関わるメディアの報道のあり方を検証するのは不可欠であると考えた。本書第二章に収められたジャーナリストたちによる鼎談は、かかる問題意識に基づいている。北方領土の「引き分け」論、竹島を「韓国に譲る」などの持論により、しばしばバッシングを受けてきた若宮啓文・元朝日新聞主筆の講演をベースに、国境地域や領土問題への丹念な取材で定評のある本田良一・北海道新聞記者と本間浩昭・毎日新聞記者を招き、がちんこの議論を組織した。その討論は、メディアが抱える病の深さを赤裸々に描くと同時に、これを克服しうる手がかりも与えてくれている。

これらふたつのシンポジウムを前提に、北方領土、竹島、尖閣をそれぞれに自在に語ることができる識者たちとの対談を集めたのが、本書第三章以下である。この三名を選んだのは、領土問題に関わる優れた新著を彼らが二〇一二年から一三年にかけて相次いで出版したからだ。和田春樹『領土問題をどう解決するか――対立から対話へ』(平凡社新書、二〇一二年)、岡田充『尖閣諸島問題――領土ナショナリズムの魔力』(蒼蒼社、二〇一二年)、天児慧『日中対立――習近平の中国をよむ』(ちくま新書、二〇一三年)がそれである。メディアとの関係で続ければ、国民の多くがかかった「領土という病」をナショナリズムとの関連で分析したのが、第四章の岡田充・共同通信社客員論説委員との対談である。岡田は中国語に堪能で中国・台湾問題に強い個性派ジャーナリストとして知られているが、沖縄・八重山の現地へもしばしば通い、国境地域の実相も論議の射程に置く。昨今、話題になっている防空識別圏問題の本質も岡田はすでにこの段階で看破している。

和田、天児はそれぞれロシアと韓国、中国と台湾に関する代表的な歴史研究者だが、現代の問題にも深く関与し、政治的に難しい火中の栗を拾うのを厭わない実践派と言える。私との共通点を挙げれば、(これは若宮にもあてはまるが)「売国奴」や「国賊」としばしば非難されることだろう。お二人との対談を通じて、明らかになったのは、二人が真摯に国を憂い、大所高所に加え、地域やそこに暮らす人々の生活や利益をも考えていることである。私はこれに加えて、政治的なレッテル貼りがネットやメディアで横行する昨今、このレッテル貼りのもつ意味をもう一度、考えてみたいとも思った。あえてこの二人との対談を「国賊」「売国奴」の対話としてプロデュースした意図もここにある。

かくて本書全体を読み通した読者は次のことに気が付くに違いない。本書の主題「領土という病」のメタファーがはらむ意味が少なくとも三つは読み取れる。第一に、「領土が大事」「領土は国家の礎」という一見、当たり前の主張に疑問をもたないことがすでに病の兆候だということ。自分自身が病にかかっていることを感じない、考えない。この自覚の欠落こそがしばしば病にかかった最初の症候群である。第二に、自分が病だとは思わないから、この当たり前のことに疑義を表明する相手が「病」にかかっていると思い込む。「領土」や「主権」という言葉がもつ一種の呪いについては本書のなかで十分、解き明かしてあるが、この言葉に触ろうとする者はすべて「賊」「売奴」と表象される。自分が正しいと信じ込んでいるから、相手の摂理に耳を傾けないどころか、議論で負けそうになると感情むき出しで相手を罵倒する。ここまで来ればこれは単なる「病者」ではなく、その病を世間に広げる「呪術者」に進化している。

第三に、そしてもっとも重要な点は、この病はおそらく完治しないということだろう。「領土」「主権」の呪いがこの世からなくなるとは思えず、それに伴う「病」も消えることはない。そうであれば、「病」を無理に直そうとすべきではない。無理強いはしばしば「病状」を悪化させる。私はこの「病」に根気強く、末永く寄り添って暮らしていこうとすでに覚悟を決めている。「病」はしばしば治癒の兆しが見えることもあるが（冒頭で述べたように、人々は領土問題を忘れやすい）、完治しないから、突然、症状が劇的に揺れ戻す（近い将来、領土問題がセンセーショナルに扱われる日がまた来て、トンデモ本が売れるだろう）。私は本書が決してベストセラーになるような事態を望まないが、「病」の鎮静剤として末永く読まれ続けることを願っている。

ところで実はジャーナリズムの分野で「病」に効く新たな処方が生まれつつある。国境地域に暮らす人々のなかにもぐり込み、丹念な取材を積み重ねることで、構築された領土問題の虚構を暴き、新たな問題解決の可能性をも示唆するジャーナリストたちの試みがいま日本全土で起こり始めている。その代表例が、二〇一三年度新聞協会賞を同時受賞したふたつの作品である。本書第二章でも登場する本田良一記者による「日ロ現場史」、山陰中央新報と琉球新報が社風の相違を乗り越えて共同で取材し記事を連載した「環（めぐ）りの海」がそれだ。前者は根室、後者は島根や隠岐の島、石垣を始めとする八重山を軸に、境界を越えた現場取材を踏まえ、領土や漁業をめぐる中央の外交交渉などにもフォーカスするかたちで発表された画期的な作品と高く評価された。

私はここにボーダー（国境）・ジャーナリズムという領域が確立しつつあるのではないかと考えている。振り返れば、山本皓一、西牟田靖らの（写真報道も含む）突撃ルポ的な「とにかく国境の現場をみんなに知らせる」という作風を先駆とすれば、本田と山陰・琉球チームの仕事は現地の声の徹底的な聞き取りを実施し、これを客観的な報道というレベルにまで引き上げたものだ。これはまさにジャーナリズムと呼ぶにふさわしい。本田の記事はすでに本としてまとめられ北海道新聞社から出版されており、「環りの海」も近々、全国の読者の眼にとまると確信する。地域でしか読めない地方紙の連載が全国流通の著作として刊行され、一人でも多くの関係者の目にとまること、これは「領土という病」と向き合おうとする本書の目的と重なっている。*

アカデミアとジャーナリズムの協働による本書の射程は、おそらく編者が考えている以上に広く長い。

編者として　岩下明裕

*「領土という病」が日本国家そのものを掘り崩し始めている事例、またこれらに対する処方となりうるボーダー・ジャーナリズムの胎動については、下記の文章も参考。岩下明裕「ボーダーから見える国家の揺らぎ――正しい領土教育を目指して」『環』第五七号、藤原書店（二〇一四年）、「新刊この一冊――『日ロ現場史』本田良一著」『中央公論』四月号（二〇一四年）。

目次

第一章　「領土の罠」をどう乗り越えるか

シンポジスト　山﨑孝史
福原裕二
本間浩昭
土佐弘之
司会　岩下明裕
（二〇一三年六月一五日）

はじめに

岩下明裕

このシンポジウムの経緯についてご説明します。二〇〇九年に北海道大学出版会から『日本の国境・いかにこの「呪縛」を解くか』を出版しました。北方領土、竹島、尖閣といった領土問題にばかり衆目が集まるなか、実はこれらは氷山の一角であり、「見えない」「見ようとしない」ところに日本の(潜在的な)国境・境界問題の多くが集積していること、そしてこれらの諸問題に正面から向き合うことこそ、いま喫緊に求められており、これを訴えようという問題意識から編まれたものです。北海道から九州、沖縄、小笠原までの日本の境界地域を全体像のなかで位置づけ整理してみました。

実はこの本、地方出版文化功労賞という鳥取県の方々が細々と、しかし、二〇回を越えて組織されてきた二四回目(二〇一一年度)の賞をいただきました。今回、このシンポジウムを考えるにあたり、この本をベースにせよ、と北大出版会から言われて思案しました。私自身、もともとは中国、ロシアといったユーラシア地域の国境問題の研究をしており、その成果をもとに北方領土問題について八年前に中公新書から本を出し、朝日新聞社から賞をもらったこともあります。そのせいか朝日新聞を目の敵にしている、産経新聞社の『正論』から「平成の国賊」と言われたことがあり、おかげで、領土、国境をいやでも勉強しなければならない状況に追い込まれました。

国境・境界問題を考える学問と組織

その延長線上にもあるのが、北海道大学で私が主宰しているグローバルＣＯＥプログラムの「境界研究の拠点形成」と言えます。「境界研究」、我々がボーダースタディーズと呼ぶ学問領域の訳語ですが、これは境界とか国境みたいなものが動いたり変わったりすることの意味、国境それ自体の意味、さらに境界・国境地域に暮らす人々が関わる諸問題を考えるプログラムです。このプログラムのおかげで、日々、領土とか国境に関わる仕事ばかりをやるようになっています。不幸なことか幸いなことかわかりませんが、二〇一二年は、北方領土、竹島、尖閣と次から次に事件が起き、日本中が「領土問題」一色となる様相が生じました。本屋には特設コーナーも設けられ、「この人、誰」というような人たちがいろんなメディアに出て、いろんな本を書いている。にわか専門家たちが次から次に新書や単行本を書いて、「領土づくし」になっている現況を見て、騒がれようが騒がれまいが地道に国境を考えてきた人間から見ると、もう少し内外のきちんとしたボーダースタディーズの研究蓄積を踏まえた議論をしないと、不毛なだけか、世界から笑われるようなことになりかねないと危機感をもって、こういう場を企画した次第です。

私自身、「境界地域研究ネットワークJAPAN（JIBSN）」の設立に関わり、稚内・根室・小笠原・隠岐の島・対馬・五島・竹富・与那国といった北から南までの国境・境界地域に、北海道大・九州大・中京大・沖縄大・東海大らもろもろの研究機関等を加え、国境をめぐる具体的なテーマをもったシンポジウムやセミナーを積み重ねてきました。地域の声を発信するということで、対馬や与那国の首長と一緒に東京でも会議をやっています。しかし、今日は大学出版部協会の主催ですから、市長や町長を呼んで彼らが直面する課題をアピールするというよりは、アカデミズムの知見を軸とした問題提起を行いたいと考えています。要するに、私たちが領土や国境を考えるときに、いわば常識と考えている思考や認識の枠組み、ものの考え方そのものを問い直すような議論です。実践的な問題解決に向けた提言やアプローチの提案は別の企画（岩下明裕『北方領土・竹島・尖閣、これが解決策』朝日新書、二〇一三年など）でやっていますので、どうぞそちらをご覧ください。

「領土ナショナリズム」、「領土の病」

一例を挙げますと、尖閣の話で、岡田充というジャーナリストが近著『尖閣諸島問題――領土ナショナリズムの魔力』（蒼蒼社、二〇一二年）でこう書いています。尖閣問題を問う、すると「島は我が国のもの」と誰もが言ってしまう。この瞬間に二項対立ができて、思考停止が起こる。引くに引けなくなり（日中ともに）ぶつかりあわざるを得ない現象につながる。これが「領土ナショナリズム」だと。私はこれを「領土ナショナリズム」と呼ぶことには少し疑問があるのですが、「島は我が国のもの」という認識を「　」に入れなければならないという点については賛同します。「我が国のもの」とは一見、その通りに思えそうですが、よく考えるとわけがわからない、そもそも「我が」や「我々」とは誰か。「国」と言われても時代によると国のかたち、国体も変わってきただろうに。さらに「国のもの」と聞いてそこで所有される「島」とは何だろうかと考えます。「島」とともにその周りを取り巻く「海」も「国のもの」と主張されます。そもそも「島」と言った瞬間に、そこには島に関わる具体的なモノはイメージされる、ひとつ、ふたつと数えられる、バナナのようなものにすり替えられています。北方領土は「四つ」。だから、耳をそろえて返還せよとロシアに主張する発想自体が、実はバナナをめぐるビジネスをやっているわけです。昔は「二つ」で手を打ちましょうと言っていた時代があったのですが、いまは「四つ」でなければだめですよという交渉です。

ひとつひとつよく考えると、歴史的にも地理的にも文化的にも、そんなに簡単じゃないだろうと。そこで今日は、この「領土」というものを「我が」「固有の」という形容詞も含めて、そんなものは本当にあるのか、私たちは何かに強迫され本来もつべき思考を失っているのではないか、という根源的な自省をしてみようか、というのがこの企画です。これを「領土の病」と表現し、これにどう向き合っていくか、「病」を直すことができなくても、それが「病」であることを知り、これとのつきあい方を探すことはできないかと。おそらく「病」は、色々な原因から構成されているのでしょうが、一番のそれは「罠」と言われるもののなかに探すことができそうです。実はこれは地理学のなかで議論されており、「領土の罠」として知られています。今日はまずその肝を、日本で数少ない政治地理学者の山﨑孝史さんから報告いただき、具体的な「罠」のケースとして竹島問題を福原裕二さんから紹介いただきます。「罠」とも言える、領土に関わるステレオタイプを（意識的、無意識的に）つくり出す責任はメディアにも大いにあるのですが、北方領土に近い根室で日本の国境問題を考え続けてきた毎日新聞の本間浩昭記者に、バナナの「叩き売り」ではない「島」の将来像を示してもらいましょう。最後にコメンテーターとして、政治思想を自在に読み解き、再構成される土佐弘之さんに、「領土」に関わる認識のもつ諸問題を分析してもらえればと思っています。

政治地理学から見た領土論の罠

山﨑孝史

いまご紹介いただきましたように、私の専門は政治地理学ですが、地理学界では「絶滅危惧種」のような分野で、いまはコウノトリのように研究者を人工繁殖させて増やしていこうと頑張っています。ご関心のある方は『政治・空間・場所――「政治の地理学」にむけて』（改訂版、ナカニシヤ出版、二〇一三年）という本をご覧ください。

今日のような政治的な「危機」とされる問題が発生するとき、これが実は地理的な要素をもつことがあります。「領土問題」は地理的に大きな問題だと思うのですが、残念ながら、いまの地理学はこれを分析する力をほとんどもっていない。なぜそうなったのかという話から始めます。そのなかで今日のテーマである「罠」、これはアメリカの政治地理学者が概念化した「領土の罠（territorial trap）」のことなのですが、これを紹介しながら議論を進めます。罠といっても領土自体が何かを捕らえる「罠」というのではなくて、領土論の罠、つまり、領土を論ずること、領土について考えるときに不適切にもとらわれてしまう何か、要するに概念のもつ「罠」という意味です。実は

政治地理学自体が、そういう「罠」に落ち込んでしまった経験を有しています。学問が「罠」にとらわれると、後世に大きな影響を及ぼします。そこでまず政治地理学の近現代史について、戦前と戦後に分けて話します。

国家の政治地理学から地政学へ

近代において政治地理学が成立するのはだいたい一九世紀頃です。地理学自体はかなり古い学問ですが、大学の課程のなかで体系化されていったのがこの時期です。地理学の下位分野のひとつとして政治地理学が確立されていきます。この分野の最初の有名な地理学者はフリードリッヒ・ラッツェル、ライプツィヒ大学のドイツ人です。彼は一九世紀末に『政治地理学（*Politische Geographie*）』という本を著します。彼が体系化した政治地理学は、諸国家は可能な限り土地・資源を獲得しようとし戦争を永遠に続けるという前提に立っています。そして、獲得された国家の生存にとって必要な空間を「生存空間」と彼は呼びます。すなわち、国家が拡張して植民地を獲得することは、国家があたかも有機体のように成長するプロセスであり、国家が獲得した空間は国家の身体そのものだ、という考え方です。当時の国際状況を鑑みれば、さほど不自然とは言えません。かくて政治地理学は、ドイツから生まれ、ヨーロッパにおいて国家の政治地理学、国家を中心概念にすえる地理学としてスタートしました。時代は帝国主義の最盛期であり、植民地主義、植民地獲得競争の時代でしたから、国家の政治地理学は二〇世紀の初めにGeopolitik(地政学)へと展開します。国家の政治地理学が戦前の日本においても地政学へと展開していく条件は、まさに帝国主義・植民地主義と地理学が深く結びついたことにあります。言い換えれば、帝国主義的な領土拡張を学問的に支えた分野、それを国家の外交および戦争の政策に応用していく学問として展開していった、これが政治地理学でありました。私は京都大学の出身で、一九三〇年代から日本でもさかんになった地政学のメッカがこの京都大学です。当時は「日本地政学」と呼ばれていましたが、私はその中心機関に出自をもちます。

地政学とは何か。一言で言えば、国家の地理的位置やそれを取り巻く地理的条件が政治を強く規定すると考え、大国間の戦争・外交の分析を行い、これを国策に応用する学問です。国家が有機体であるかのように考える前提があると先ほど言いましたが、国家の進化という発想は社会ダーウィニズムの影響を強く受けています。しかもその成長の過程は地理的条件、自然環境とか大陸上の位置などに大きく左右され、これを踏まえて国家は生き残っていくと考えます。環境決定論ですね。自然環境が政治の方向性を規定するという考え方です。ちなみにラッツェルは人文地理学の分野においては、この環境決定論を提唱した地理学者として知られています。結果はどうだったでしょうか。第二次世界大戦で地政学は国家に破滅的な結果をもたらしました。その結果、京都大学で地政学を教えていた教員、および関西でこれに関係した教員(京都大学出身者)が、地政学を教えていたという理由のみで公職追放されたわけではないのですが、それ以外の様々な理由によって次から次へと公職から退いていきました。ここで京都大学地理学教室は大きな断絶を迎えます。

政治地理学、地政学の衰退から批判的再構築へ

戦後に欧米の政治地理学はどうなったのでしょうか。一言で言えば、衰退です。一九四五年から六〇年代にかけてはとくにそうです。これは学問全体に言えることだと思いますが、学問と戦争との関係を大学内で反省していくという雰囲気のなかで、国家の政治地理学というのも時代遅れになっていきます。なぜ時代遅れになるかというと、戦後の平和・民主主義的な社会のなかで、国家はもはや唯一の政治的アクターではない、地方自治体があり、労働組合が運動するなかで、社会の政治をめぐる様々な動態は国家だけで説明できない、いろんな政治的アクターが重要だと認識されてきました。国家を中心に政治地理学を考えるという伝統的な立場を、ほとんど大学の先生たちはとらなくなっていきます。

他方で、この地政学的思考を国際的な文脈で検討すれば、日本ではさほど強くなかったのですが、とくに冷戦期のアメリカで地政学的な思考が継承されていきます。ヘンリー・キッシンジャーなどがgeopoliticsという名前を政権のなかで使うようになりました。実務的には、戦前の地政学的な発想にも似た、例えばソ連をどう封じ込めるか、あるいは共産主義政権が次々と成立していく、つまり自由主義政権が倒れていくドミノ効果をどう理解するかなど、外交官を中心に地政学的な研

究・思考が継承されていました。

さて衰退した政治地理学ですが、英米を中心に一九七〇年代から再興していきます。実際、社会の色々な政治的動態を説明していくうえで国家だけに依拠していては研究できない、国家中心の見方に批判的な視座を導入していくことで、国家の政治地理学を乗り越えていこうとする新しい政治地理学が興ってきます。新しい政治地理学のなかにナショナリズムを批判的に研究する立場、領土論を再検討する立場が生まれてきます。こうして政治地理学はもう一度国家を相対的に捉え直しながら、戦後社会を取り巻く国家およびそれ以外の政治的主体の問題を研究の対象のなかに取り込んでいくようになります。戦前にさかんになった地政学に対しても批判的な検討が加えられ、Critical Geopolitics(批判地政学)という分野も台頭してきます。

ところが、それと同時に、とくに日本の場合そのようですが、一九九〇年代からは伝統的な地政学も復活してきている兆候が見られます。冷戦期はある意味では「平和」な時期とも言えるわけで、冷戦が終わり、湾岸戦争があり、様々な紛争が続き、新たな戦争の時代に入ったという状況がその背景にあります。日本においては北朝鮮、中国の問題など国際的な緊張が高まっていくなか、一般の人たちも日本が戦争に巻き込まれていくのではないかと思い始めています。実際に、二〇〇〇年以降、「地政学」という言葉をタイトルにつけた単行本が増えてきています。先ほど岩下さんが紹介されたように、おそらく、「領土」あるいは「領土問題」をタイトルにつけているような本は二〇一二年以降飛躍的に増えてきているのではないかと思います。ですから、伝統地政学的な発想もおそらく復活してきている状況があると私は見ています。

領土・領域と「領域性」

そこで大事なのは、新しい政治地理学が領土・領域の問題をどういうふうに考えてきたかということです。領土、領域と日本語では分けますが、英語では、このふたつの言葉は区別されません。両方ともterritoryです。このterritoryが国のterritoryなのかそれ以外のterritoryなのかというのは文脈から読むしかないのですが、日本の場合は同じterritoryでも領土というときと、領域というふうに一般化しうるときと使い分けることができます。領土は、領域のとくに国家主権と関わるひとつの類型と言えます。領域を広くいろんなものを囲い込むとか境界線を区切って空間を管理するという一般的な意味で捉えると、国境を使った領土も領域のひとつの類型と考えられます。

さてこのterritoryですが、なかなかやっかいです。それが空間と権力の関係を象徴的に表現しているからです。国家の領土に関する研究というのは戦前からもありましたが、空間と権力の関係をより一般的に考えていこう、理論的に考えていこうとする視座は一九七〇年代頃から生まれてきます。八〇年代頃に優れた研究が出ます。そこで概念化された言葉として重要なのが、「領域性(territoriality)」です。これはterritoryにialityがついて抽象概念化されていますが、空間を区切って領域をつくり出すことによって人間の行動や現象の発生を制御する個人や集団の戦略的試み、を意味します。これは領域一般についてです。我々が領域を何のために使うかということを概念化したわけです。実はこの領域性というのは家屋のなかから国家の領土に至るまで、歴史上広範に確認されます。多様な地理的スケール、つまり家の大きさから国家という広がりまで、権力の空間的作用を分析するための概念になっていきます。ここから領土と主権、領土という空間と主権という権力の関係性も考察の対象になっていきます。とくにグローバル化によって国家の主権がどう後退していくか、国家の力がどう変容していくかというスーザン・ストレンジの研究（櫻井公人訳『国家の退場――グローバル経済の新しい主役たち』岩波書店、一九九八年）や、領域が脱領域化していく、つまり、それまでは非常に強く境界の効果がきいていたのがきかなくなってきた、あるいはもう一度境界を引き直して領域のなかにある種の現象を閉じ込めようとする、これを再領域化と言いますが、そういう概念が出てきたり、九・一一以降とくにジョルジョ・アガンベン（上村忠男・中村勝己訳『例外状態』未来社、二〇〇七年）などが指摘したアメリカのグアンタナモ基地、ここにアルカイダの容疑者を拘留する、その拘留者に対してアメリカの合衆国憲法が、あるいは国際法上の人権が認められないといった不思議な空間が現れてきます。主権から離れた人間の存在です。移民や市民権の問題もそういうなかで考えられるようになり、領土と主権の関係性というのが政治地理学の中心的なテーマのひとつになっています。日本の学界のことではありませんので、念のため。

領土と主権

領土と主権、つまり空間と権力の関係性について簡単に述べます。大事な点は、空間が権力の源泉になるということです。権力はもちろん法的に規定されるなど付与されるものでもあり、空間と関わらない部分でも存在しうるわけですが、空間そのものが権力の源泉になるということを押さえてください。例えば、特定の空間を接収し管理することを通して、その空間をめぐる社会的相互作用を制御できる。空間を管理できたら、その制御される人たち・物に対して力を行使することができます。特定の空間をめぐる資本・物資・労働力・情報の流通を制御できれば、そこに利益を発生させ、社会集団を編成し、社会経済的発展・安定を確保することが可能になります。国境管理がなぜ必要とされるかというと、それは、例えば、犯罪者を取り締まる、危険な物資を輸入しないなどのためです。ゲートやフェンスで敷地を囲っておいて不審者を入れないようにします。空間を管理できるということは、その空間に関して力を及ぼすことができることを意味します。領土をもてば主権を行使できます。空間は権力の源泉となるわけです。これは単純化した説明で、要は空間と権力が複雑で密接な関係をもちうることを伝えたいのです。

　領土や主権の概念が成立する経緯を振り返れば、みなさんご承知の通り、領土が主権と結びつくという考え方が国際的に、最初はヨーロッパにおいてですが、確立されていくのは一七世紀です。ウェストファリア条約*でこれが概念として確立すると言われています。国家の領土権、法的主権、その相互不可侵の原則が確認された条約です。それ以降、ウェストファリア体制と呼ばれ、国家主権・領土主権の存在が一般的に国際法上の常識となっていきます。これが国民国家の建設や民族自決権の基礎を構成していくようになります。と同時にこれは戦争の根拠にもなっていきます。当然そこから領土問題が発生します。ただ重要なことは、ウェストファリアはあくまで原則の確立であって、体制としてそのまま続いていたわけではありません。崩壊して復活するというのが事実に近い。歴史的に見れば、これがそれほど一貫した原則かとか、歴史的な現実と違うのではないかといった議論をする必要性があると思います。

合理主義の表れとしての領域性

さて領域性についてですが、これ自体は良いとも悪いとも言い難い。社会に良いことも与えるし、社会にとって問題をもたらすこともある。そのふたつの側面を指摘します。ひとつは領域性の行使が機能的・合理的側面をもっているという点。とくに近代資本主義社会では、この領域性が広範に確認されます。日常生活のなかでもそうです。卑近な例を言うと、鉄道に乗られる方が多いと思いますが、女性専用車両をご存知でしょう。これも領域性の行使の一例です。特定の車両だけを女性専用にする。空間を区切って何を排除するかというと、痴漢の排除でしょうが、これでは男はみん

＊ウェストファリア条約　ヨーロッパにおいて三〇年間続いたカトリックとプロテスタントによる三十年戦争の平和条約（一六四八年締結）。近代国際法の出発点となる条約とされ、条約締結国は相互の主権を尊重し内政への干渉を控えることを約束した。国連憲章など現代の国際秩序はいわばこの条約の世界的具象化であるともみなせるが、この条約で体制が成立したというのは虚構であり、現実の国際社会の歴史とは異なるという見方が現在では通説になっている。

女性専用車両

出所：Wikipedia。

な痴漢扱いです。なぜかと言えば、痴漢する男性というのは痴漢する前にはわからないからです。痴漢をしたらその人に「出て行け！」となるのですが、それではだめということで、男はみんな女の人の体を触る可能性があるということで全部排除しています。空間を管理すれば、これによって痴漢の蓋然性をすべて排除できます。だから、女性専用車両をつくると楽です。一人一人に「痴漢しないで」と働きかけるよりもはるかに。呼び掛けるのは時間がかかる、お金がかかる、そういうことです。つまり、領域性というのは合理主義の表れでもあります。社会を望ましい方向に向けようと空間を合理的に管理しています。女性専用車両が果たして望ましい方策かどうかは別の問題ですが。男にとっては「痴漢扱いか」と面白くないでしょうから。

ただ価値観は、空間管理の問題とストレートには結びつかないということを理解する必要があります。どの側面から見るかで空間の意味づけが変わります。例えば家屋の設計がそうです。この建物もそうですが、この部屋は講義室、ここは受付、ここはトイレときちんと空間を機能別に区切ります。空間を差異化することでスムーズに生活できます。もっと広い範囲で見ると、ここはいま駅前再開発がなされていますが、用途地域指定、つまり市街化区域で都市開発を行い、市街化調整区域で緑地を守るといったゾーンニングもよく行われています。先ほど言いました国境管理も、問題を含みながら、機能的管理の側面をもちます。

領域がもつイデオロギー上の問題点

ポイントは、「困る」部分です。領域がもつイデオロギー的性質がそれです。ロバート・サックが『人間の領域性』(1)のなかで指摘しています。これについて今日は三つの問題点を指摘します。第一に「視点のそらし」という効果。これは領域をめぐって管理する者と管理される者がいることから派生する効果です。女性専用車両をつくっているのは鉄道の会社であり、これは管理する者です。管理される方は男です。しかし、その関係性よりも領域そのものが管理する主体としてみなされることになります。つまり、この車両に男は入れないと男たちは思ってしまいます。本当はこれをやっているのは鉄道会社のはずです。しかし、「立入禁止」という標識が出たとたん、いったい誰がその標識を立てたかという視点がそらされ、領域に入らないという行動が発生します。あたかも空間が、直接、我々を管理していると思い込まされます。空間が人を管理するはずはないのですが。管理しているのは鉄道会社なのですが、そこまで思い及ばないということです。これが領域のもつ効果のひとつです。

領域の設置はつねに管理・戦略の手段と言えますが、その確保が目的化されてしまうことがあります。僕は沖縄の研究者なので、復帰運動に関心があります。反復帰運動が起こるまで、この復帰運動では「日本の領土に戻る、日本に戻る」ことが目的化されていました。*米軍基地がなくなるかどうかは、後から思えばまったく別の問題だったのですが、当時は日本領土に復帰すればすべての問題が解決されるというふうに思い込んでしまった。沖縄の人には申し訳ないのですが、このように領土・領域というのは視点をそらしてしまう効果がある、ということです。

二番目は、第一のそれに関わりますが、「社会紛争の曖昧化」です。社会紛争の原因が領域間の対立にそらされてしまうということです。例をとれば、アメリカの大都市では都心部は有色人種の人たちが多く、住環境が悪く、土地の価格が下がる。白人の中間層以上は郊外に移る。これはそもそも階級の問題のはずですね。人種対立の問題と言っても良い。しかし、これがあたかも大都市と郊外の自治体の対立関係に置き換えられてしまいます。そもそもは社会階層間の対立であったのが空間の対立に置き換えられてしまう。

最後に指摘したいのは、「権力の具象化」です。領域、とくに領土は権力を具象化します。権威・権力を可視化するということです。つまり主権の存在により、領土が保有されているのであって、領土は主権に物理的なかたちを与えます。戦争によって領土を獲得したケースでは、武力による戦いの結果として領土が存在するわけです。この効果によって領土が神話化されることがあります。場合によっては聖地化されます。そこでは領土そのものが国民にとって不可欠な価値をもつようになります。竹島がその良い例で、韓国にとっては「聖地」です。日本による侵略の最初の場所だとの意味づけにより、竹島の領有そのものが国家としての権威に直結する。島に大統領が上陸するのもそういう具象化の効果があるからです。この種の領域化の作用を自覚することが肝要です。

世界地図に現れる「領土の罠」

地図にも「領土の罠」が現れます。小学校・中学校で教わる世界地図ですが、私たちはこれが普通の世界地図だと思っていますよね。日本国民のほとんどがこの世界地図によって世界を認識しています。しかし、ここでひとつ質問します。大陸が国境で分けられてそれがひとつずつの色で塗り分けられています。そのひとつひとつの区域に国旗が立つようになっています。これはほんとうに世界の現実を表現しているのでしょうか。これは事実なのでしょうか。もちろん世界を認識するプロセスにおいて単純化は必要で、教育にとってそうかもしれません。確かに地図を見た後でそれぞれの国の多様な状況を学んでいけば良いのでしょう。しかし、まずこれで世界を例示することで、想像力の方向性を規定してしまう。世界についてのイメージを刷り込んでしまう。ここに問題がな

＊沖縄の復帰運動・反復帰運動　復帰運動は、沖縄に対するアメリカの施政権を日本に返還させるために、一九六〇年代の沖縄で革新勢力を中心に組織された大衆運動。沖縄と日本との民族的・領土的再統一を訴えた。対して、反復帰運動は、一九六〇年代末に復帰が核兵器や米軍基地の排除・削減を伴わないことが明らかになるにつれ、展開した思想的運動。日米両国による沖縄の軍事利用を批判し、沖縄の自立を訴えた。

いかということを指摘したのが、territorial trap を概念化したジョン・アグニューという政治地理学者です。

アグニューはこの種の世界地図を前提とする政治学ないし国際関係論は、「領土の罠」に陥っているという批判を一九九四年にしました(2)。これはある意味では政治地理学が再興していくプロセスで起こったことですが、政治学や国際関係論に比べたらはるかに弱い分野であった地理学の意義を主張するために、彼はあえて国際関係論の雑誌にこの論文を載せました。要するに、territorial trap というものがあり、政治学、国際関係論の研究者たちの多くはこのトラップに陥っている。そう彼は主張しました。換言すれば、国際関係論の理論的・方法論的前提が単純化された地理をもとに構築されている、それはおかしい、実際に起こっていることはそれでは見えなくなる、と批判したのです。後ほど土佐先生が言及されるかもしれませんが、地理学界ではせっかく喧嘩を売ったのに相手はあまり反応しなかったというのが評価になっています。だからこれ以降の territorial trap の議論は国際関係論の舞台ではなく、だいたい政治地理学のなかで行われてきました。トラップを考えることは、いま領土を考える際には非常に重要になってきていると私は思います。

「領土の罠」の三つの要素

「領土の罠」には三つの大きな要素があると言われます。ひとつ目は、国家は明確に画定された領土に排他的な主権を行使できるというものです。これはウェストファリア条約そのもので、我々が地図帳などで目にする世界地図の書き方そのものです。ちなみに英語ではあれはworld mapと言いません。必ずworld political mapと言います。これは自然を表す、地形を表す地図と区別しているからです。我々日本人はあまり区別しませんね。世界地図と言えば自然地形を表すものもあれば国家の位置を表すものもあって、どちらも世界地図と言います。英語でははっきりこれは政治地図だと言います。私たちも言い分けた方が良いでしょう。

ふたつ目は、国内と国外が分離されており、それぞれ明確な領域を形成している点です。地図の国境線は極めて明確に描かれています。たとえ論争があってもぱっと線が引かれている。まあ点線とかになることもありますが。

三つ目として、国家の境界が社会の境界をそのまま画定している。つまり国家と社会がぴったり重なっているということです。実際にはそんなことがあるはずはない。二〇〇ほどの国の境界のなかで、この多様性あふれる文化を理解できるわけがない。これらがterritorial trapの三つの要素と言われます。

政治地理学者たちの議論の積み重ねの結果、国家領域性とその問題性に関する多くの論考がすでに刊行されています。(3) 領土が社会的に構築されているという理解はもはや常識になりました。つまり、安定した領土主権というのは自明でも現実でもないというのが学界の定説です。グローバル化における国家主権の変容も検証されています。つまり、国家の主権はグローバル化によって変容を被っている、つねに安定していないという考えです。さらに国家以外の新しい政治的主体、地方政府であったりNPO・NGOであったり、そういう組織が有する基盤が必ずしも領域的なそれではないという点も見逃せません。権力の基盤は領域だけに規定されるのではないという考え方も出ています。現在、かなり多様な議論がなされています。

絶対主権と実効主権

さてアグニューは「領土の罠」論を発展させ、二〇〇五年の論文で主権レジーム論ということを言い始めました(4)。彼は絶対主権に代わる「実効主権」という概念を打ち出しました。実効というのは effective、実際に効果を発揮する「主権」ということです。領土主権、あるいは絶対不可侵な主権ではないけれども、主権として効果を及ぼしうるようなケースが存在する、そういう事例は存在するというのがその主張です。絶対主権について、国家主権が政治的権威の絶対的・排他的な領域的組織と結びついて理解されるとすれば、実効主権は個々の国家の厳密で固定された境界に必ずしも基づかない、それによっても定義されない「主権」と言えます。これは分割可能で、その正当性は領土以外のものでも担保されるといった「主権」の考え方です。アグニューは現代政治を捉えるにはこの実効主権の概念で理解していかないと事実は何も見えてこないと言います。なぜならば、絶対主権の例外があまりにも多く、そもそもウェストファリア体制が一種の虚構であったと考えられるからです。

この論文のなかでは、国家主権の実態を実効主権のいくつかのシステム、つまりレジームとして分類したものが四つ提示されています、領土主権の主権のあり方は、この四つのレジームのひとつに過ぎず、ほかにもまだ主なものが三つある、こう言って、彼は領土主権を相対化したわけです。

沖縄＝日本最大の領土問題

では最後に日本の「領土問題」について私の考え方を少し述べます。沖縄研究者としての私は、日本の「領土問題」は本当に、北方領土・竹島・尖閣の三つなのかと日々、考えています。沖縄こそ日本最大の「領土問題」ではないのかと。和田春樹さんが近著『領土問題をどう解決するか――対立から対話へ』(平凡社新書、二〇一二年)の終わりでこれを示唆されていました。僕も沖縄を研究していてつくづくそう思います。沖縄については「残存主権」という言葉が復帰前には使われました。これは日本が主権を潜在的にはもっている、ただし施政権はアメリカに与えたということで、ここでは主権が分割されています。領土に対する残存主権とそこで行政を行う施政権に分けられています。これは実効主権の一種と言えます。こう考えると沖縄の現在の姿は、アメリカによる実効主権が行使された結果、生み出されているとみなせます。沖縄の状況は、日本にとってはまだ残存主権のレベルではないのかという見方もできるでしょう。

グローバリスト・アメリカの主権行使と沖縄

アグニューは、アメリカの世界戦略について、国家中枢の権力は強固で、国家領域性の開かれたグローバリストのレジームに分類される、これがアメリカの行使する主権のひとつの特徴であると言います。平たく言えば、アメリカは絶対主権に立脚せず、主権という概念を分離して、実効主権をうまく使うかたちで世界戦略、前方展開を維持する、自国の利権を確保しようとしているということです。宮里政玄さんも講演録『アメリカは何故、沖縄を日本から切り離したか』(沖縄市、一九九九年)で、アメリカは絶対主権を保有しない、日本が残存主権を保有する・保持するという言説が、アメリカによる沖縄の自由統治を可能にした、とおっしゃっています。アメリカが沖縄を好き勝手にできるということは、それは日本が部分的に主権をもっていたからこそであり、日本が沖縄を差し出すことによりアメリカは好き勝手に使えた、ともおっしゃっています。結論を言えば、実は主権というのは分割可能で、しかも分割した方がある種の政治的支配にとっては有効に働くこともあるということです。よって、アメリカは絶対主権に依拠して世界戦略を構築してはいないので、アメリカがどう実効主権を行使してきたかという視座で、アメリカの第二次世界大戦後の東アジア政策を見直す必要性があるのではないでしょうか。これはいみじくも原貴美恵さんが『サンフランシスコ平和条約の盲点――アジア太平洋地域の冷戦と「戦後未解決の諸問題」』(溪水社、二〇〇五年)でおっしゃっているように、日本の「領土問題」というのはこのアメリカの実効主権の行使と不可分に結びついているのではないか、という点につながります。だから日本の「領土問題」を考えるときに、沖縄というのを忘れない方が良い。

領土問題をいかに脱構築するか

では「領土問題」をどうやって脱構築したら良いのでしょうか。私も処方箋はもちえていませんが、少なくとも領土の構築性というイデオロギー作用を自覚すべきだろうと思います。領土という言葉に惑わされてはいけないということです。ですから「固有の領土」論にはもちろん立ちません。領土ナショナリズムにも陥らないようにする。絶対主権というステレオタイプからも自由になった方が良い。主権は領土から分離しても実効性をもちうる、主権そのものも分割しうると考えた方が良い。

要するに、「領土問題」を関係国の領域性と実効主権の複雑な重なりのなかにあるものとして見る方が、より実態を理解できるのではないかと思います。イギリスの政治地理学者ピーター・テイラーが interterritoriality という言葉を使っています。[5] それぞれの国家がそれぞれの領域性を行使しているけれども、それは互いに深く関わり合っているという意味です。これらを考えることでもっと創造的な外交に道を拓くことはできないかと私は思います。私は外交の専門家ではないので、問題提起しかできません。しかし、どのような罠にみなさんがとらわれうるかを指摘することはできます。

最後になりますが、領土内の色合いの濃淡とその混ざり具合を理解するのも重要です。つまり、国境地域から、私の場合、研究現場の沖縄からですが、国境を生きる知恵から学ぶことで領土の罠から自由になることもできます。自己と他者、敵と味方という二分法を克服する境界論の研究が、今後はより重要になってくると確信します。

(1) Sack, R. D. (1986) *Human Territoriality: Its Theory and History*. Cambridge: Cambridge University Press.

(2) Agnew, J. (1994) The territorial trap: the geographical assumptions of international relations theory. *Review of International Political Economy* 1(1): 53-80.

(3) Brenner, N. and Elden, S. (2009) Henri Lefebvre on state, space, and territory. *International Political Sociology* 3: 353-377; Glassman, J. (1999) State power beyond the 'territorial trap': the internationalization of the state. *Political Geography* 18: 669-696; Reid-Henry, S. (2010) The territorial trap fifteen years on. *Geopolitics* 15(4): 752-756; Shah, N. (2012) The territorial trap of the territorial trap: global transformation and the problem of the state's two territories. *International Political Sociology* 6: 57-76.

(4) Agnew, J. (2005) Sovereignty regimes: territoriality and state authority in contemporary world politics. *Annals of Association of American Geographers* 95(2): 437-461.

(5) Taylor, P. (1995) Beyond containers: internationality, interstateness, interterritoriality. *Progress in Human Geography* 19: 1-15.

竹島問題で海域が見えないことの罠

福原裕二

日韓における竹島／独島への関心

みなさんよくご存じだと思いますが、「Google トレンド」(http://www.google.co.jp/trends/)という検索サービスがあります。これであるキーワードを検索してみると、そのワードがいつどのくらい検索されたか、あるいは日本のどの地域で多く検索されているのかがわかります。試みに、「竹島」、「尖閣諸島」、「北方領土」を検索してみました。その結果をパワーポイントで示しています。見ていただきたいのは、「地域別人気度」として色分けされた日本分布図です。検索が多いほど色が濃くなっています。二〇一三年六月半ば現在ですが、「竹島」は全体的にすごく薄く、「尖閣諸島」はこれと対照的にかなり濃い。「北方領土」については、北海道はすごく濃いですが、全体的には「竹島」と同様に薄い。要するに、日本で竹島はかなりマイナーな問題だ、ということを示唆していると思います。

写真1　2011年9月17日の道洞港に掲げられた横断幕①

出所：筆者が鬱陵島道洞港にて撮影。

写真2　2011年9月17日の道洞港に掲げられた横断幕②

出所：同上。

韓国ではどうでしょうか。例えば、鬱陵島。この島は朝鮮半島で、竹島に一番近い。一昨年だったと思いますが、日本の政治家数名が鬱陵島に行こうとして金浦空港で足止めされ、入国拒否に遭い行けなかったことがありました。同じ時期に鬱陵島では、このような日本語のものを含めた横断幕が掲げられていました（写真1、写真2）。しかし、この横断幕はすべてよそから持ち込まれたもので、境域に暮らす鬱陵島の住民らが掲げたものではありません。またご承知の通り、韓国では竹島のことを独島（トクド）と呼びます。最近、それを冠した飲食店、例えば「独島マグロ」や「独島スシ専門店」なるものが開業していますが、あまり流行ってはいません。「独島貯金」なるものもあります。預金の利子の一部が「独島守護」のために使われるという金融商品です。銀行は頑張って預金者を集めようとしているようですが、なかなか目標に達しない。それはそうで、韓国も随分金利が下がっていて、それとともに利子率も下がっているからです。要するに、独島問題も韓国のなかでは、実は結構マイナーな関心事なのだろうということが示唆されます。

李承晩ラインとは

これは釈迦に説法だと思いますが、そもそも竹島問題が、なぜ起こったのかということを考えれば、いわゆる李承晩（イ・スンマン）ラインの宣布（一九五二年一月）が契機です。その李承晩ライン宣布の前提として、戦前の日本が世界一の漁業大国だったことを忘れてはならないと思います。日本の敗戦後に連合国が行ったことのひとつにマッカーサー・ライン（以下、マ・ライン）の設定があります。これは日本の漁業や捕鯨業が認可される区域を定めたもので、要するに日本漁船の活動範囲を局限するものでした。ちなみに、竹島はこのマ・ラインの外に置かれていました。このマ・ラインの廃止は、対日講和条約の発効（一九五二年四月）をもってなされます。李承晩ライン宣布にはこうした背景があります。すなわち、李承晩ラインは、元来日本漁船が戦前のように大挙して朝鮮半

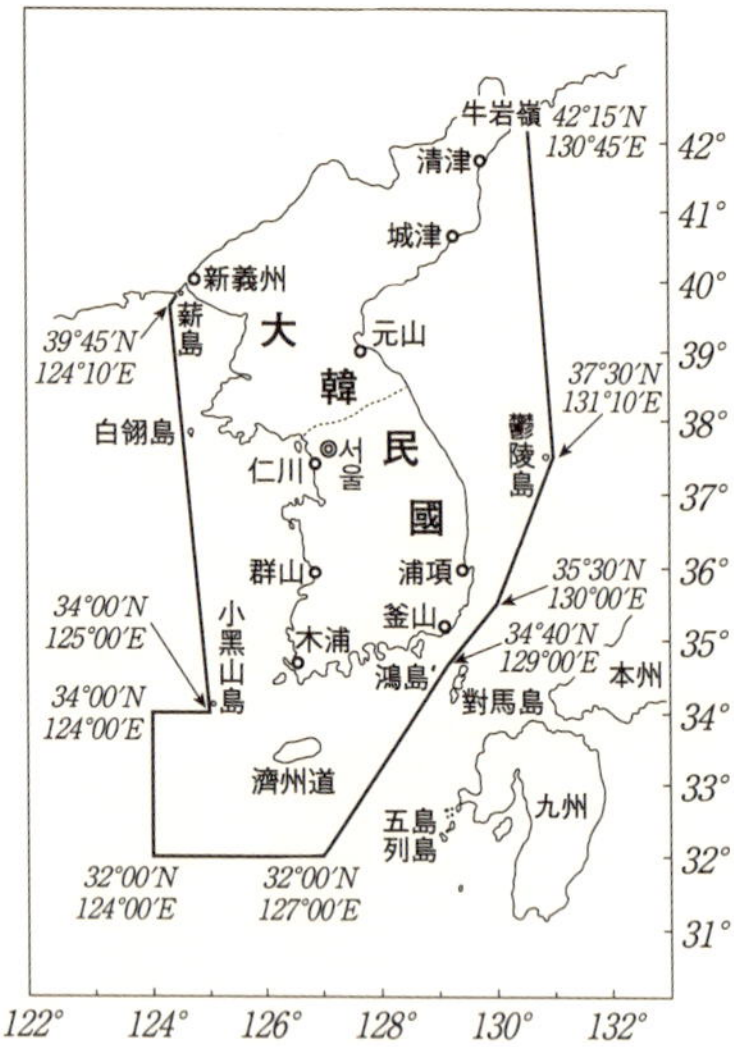

図1　漁業専管水域草案

出所：池鐵根『水産富国の野望――平和線，李ライン，池ライン』韓国水産新報社，1992 年，126 頁。

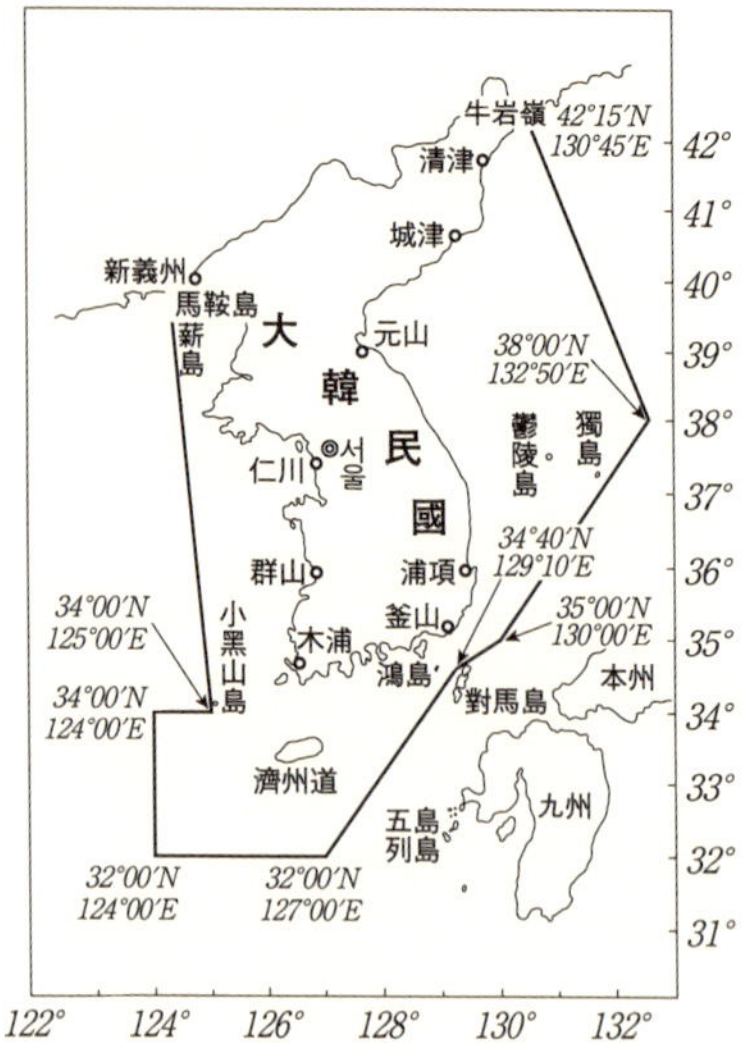

図2　卞榮泰追加案

出所：同上，125 頁。

島に来るのはまずいという発想から生まれたものなのです。日本の植民地であったことを通じて、建国間もない韓国もその影響から漁業国となり、自国の漁業を守るために李承晩ラインを引いた。これが事実です。というのも、もともと商工部水産局で引いた草案では、竹島が含まれてはいません(図1)。つまり、日本漁船から自国の水産業を守るために引いたラインですから、わざわざ竹島を含める必要などなかったわけです。しかしながら、外務部(外務省)で草案を検討する過程で、外交的な配慮から竹島を含めて線が引かれることになったのです。これを「卞榮泰(ペン・ヨンテ)追加案」と言います

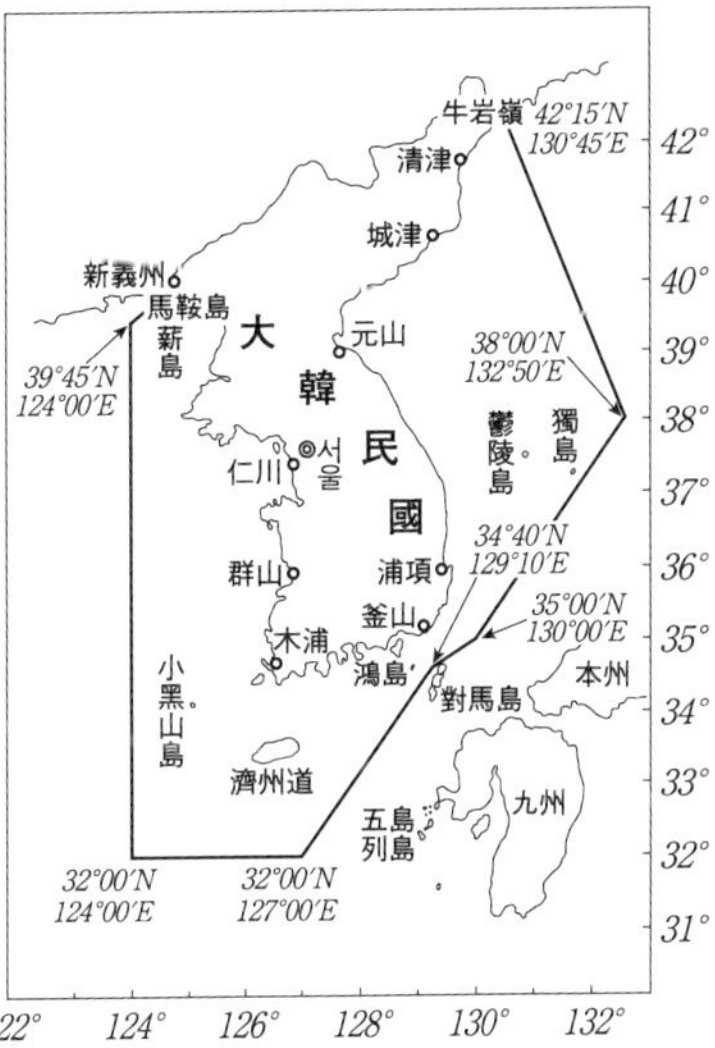

図3 漁業専管水域最終案(李承晩ライン)

出所：同上，126頁。

(図2)。ここで領土が意識されるかたちでラインが引かれることになりました。その後、さらにラインの拡大修正が行われ、最終案となるわけです(図3)。李承晩ラインの宣布後は、これに驚いた日本側が一〇日後に抗議の口上書を送り、そこから日韓での外交交渉・応酬が始まるのです。やがて、始まりつつあった日韓の国交正常化交渉のなかで、この問題を何とか解決したいというかたちになっていきます。

国交正常化交渉における竹島問題

それでは日本は、韓国が領土問題として提起した竹島をどう受け止めたのかという話をします。

結論から言えば、竹島の問題は国交正常化交渉のなかで話し合われましたが、決着がつかないまま現在の状況に至っています。日本政府の説明では、日韓基本条約とともに結ばれた「紛争解決の交換公文」における「紛争」に竹島問題が含まれるから、交換公文に従い外交的な解決が図られるべき事柄だとされます。もちろん、穏当な外交的解決が望ましいのは言うまでもありません。しかし、日本政府が主張するように、竹島問題が「紛争」に含まれるかどうかという点に関して、日韓で共通の認識があるかと言えば、「ない」と言わざるを得ません。従って、竹島問題は外交的解決が図られるべき課題なのだという意識においてもズレがあるということになります。それはともあれ、日韓基本条約は一九六五年六月に調印されます。その後発効まで六カ月ぐらい時間を要するのですが、その間に国会批准のため参議院や衆議院で議論が展開されます。当時の坂田英一農林大臣は、「竹島の問題については……漁業水域十二海里を設けなければならぬ」と主張しつつも、「紛争を助長するようなことに相なってもなりません……ので、そういう方向はとらずに進んでいきたい」と述べます。そうだとすれば、竹島周辺での安全操業は確約されませんから、その問題はどうするのだと言えば、「……補償等の問題については、まだもちろん考えておらぬわけで……」と言葉を濁します。残念なことに、二〇一三年のいまに至るまで、「まだ」が続いている状況です。ともあれ、「漁業水域十二海里」という議論は領土として確立することが前提となりますから、日本側も竹島問題については領土問題としてのみ受け止めたとみなせます。

現地の漁業者の思い

このような経緯で生まれ、展開を遂げていく竹島問題ですが、私は島根に住んでいる地の利を活用して、竹島にもっとも近い隠岐の島や鬱陵島でこの問題に関連して漁業者に聞き取りをすることがあります。聞き取りを始めてみて驚いたのは、その双方の漁業者、あるいは島の人たちが同じようなことを言っていることです。「領土の問題よりも安全な漁を行いたい」というのがそれでした。これを論文に書いたところ、一部の人たちから苦言を呈されました。しかし、そのようにおっしゃる方々も現におられます。当初は竹島に近づけば近づくほど、領土問題あるいはその意識が先鋭なものであろうと考えていましたので、この現実はショックでした。私は岡山県の出身だということもあり、幼いときから竹島を意識する機会がなく、また領土問題にも関心がなかったので、研究者としてこの問題に向き合って初めて、「実態ってこうなのか」と感じました。この点、誤解を与えるといけないので補足すると、隠岐の島や鬱陵島の漁業者のなかには、竹島をどちらかの領土であるという発想からではなく、竹島およびその周辺海域を生活圏に含んでいるという、より実利的な発想から捉える人びとも少なくないということです。無論、竹島問題に対してその他の考えや行動をする人びとがいることを否定するつもりはありません。

鬱陵島へ調査に行き始めたときのことです。行く前に少し下調べをしたら、竹島問題があるから日韓の漁業問題が大変だと書いている論文に出くわしたので、日本との漁業上のトラブルにはどのようなものがあるのか聞いてみようと勇んで出掛けました。それで聞いてみると、「ない」の一言でした。それでは鬱陵島においてはどんな漁業問題があるのかと問うと、問題なのは中国の漁船だと言うのです。竹島周辺の漁業については、後でも言いますが、イカが中心です。正確にはスルメイカ漁で、鬱陵島でもスルメイカ漁がさかんです。このスルメイカはある漁業者によれば、島根県、鳥取県の北方海域で産卵をし、稚魚から生育する間に日本海を北朝鮮の海域までずっと北上していきます。そこから再び南下して、初夏から秋にかけ鬱陵島や竹島、隠岐の島の方に回遊してきたものを獲ればこれがもっとも生育していておいしい。しかし、中国の漁船が北朝鮮との漁業協定を根拠にして、北朝鮮海域でスルメイカを根こそぎ捕獲してしまうので、南下してこない。だから「中国漁船が憎い」となるのです。

ところが、中国漁船はけしからんのかというとそうではなく、北朝鮮と漁業協定を結んで合法的に出漁しているのですから、違法操業でも何でもない。とどのつまり、日本海は北東アジアに等しく開かれているにもかかわらず、その秩序は二国間でしか定立されていないことが問題だとわかります。つまり、日韓でいくら知恵を絞って日本海の漁業秩序を整えたとしても、それを共有している国々がこれを認めなければ、容易に秩序は崩れるということです。いまの研究を発展させて、ロシア、中国、北朝鮮も含めた秩序作りの方向性をこれから考えていきたいと思っています。

「生の枠組み」と「第三の視角」

このように、現地調査により様々に頭を巡らせていると、竹島問題は「第三の視角」による検討が必要なのではないかと思うに至りました。これまで竹島問題は領有権の問題として、あるいはナショナリズムの問題や竹島問題の問題性を穿つような方向で研究が進んできました。私はこれらを第一、第二の視角と呼び、いずれにせよ国家の枠組みでしか竹島問題を捉えていなかったのではないかと考えました。私はそれらと差別化して、竹島の存在そのものによって影響を受けざるを得ない人びととか地域の問題がこれまでほとんど考慮されることがなかったので、竹島問題を国家ではなくて「生の枠組み」として捉えたいと考え、「第三の視角」からのアプローチを展開しているつもりなのです。

竹島をめぐる漁業調査

さてこの文脈において考察すると、竹島をめぐる漁業問題がクローズアップされてきます。ところで、日本外務省のホームページでも、島根県のホームページでも、あるいは韓国のそれでも、「竹島周辺は豊富な漁場だ」とよく書いてあります。隠岐の島のある漁業者の方も「漁場としては完璧だ」と話されていたことがあり、それはそうなのだろうと思います。ただし、この言説には留保をつけなければならないと考えています。それはこういうことです。近年、日韓国交正常化交渉の会議録が双方で公開されています。すべてがすべて公開されているわけではありませんが、そこには漁業委員会の議事録も大量に含まれています。しかし、先ほど竹島問題が両国で領土問題として提起され受け止められたと述べたように、漁業委員会の議事録には「竹島」、「独島」という文字は一切出てきません。これはどうしたことだと、当時の資料を色々と探していましたら、島根県の吏員が県知事に宛てた復命書が出てきました。これは一九五三年六月に島根県水産商工部が竹島で行った漁場調査の結果が記されているものです。何が書かれているかというと、上陸までの行動の概要と上陸した際に遭遇した韓国漁民に対する聞き取りの内容、また「竹島の水産」と題する漁場調査の報告などです。そこでは、「限定された僅かの慌しい調査であり、設備もなく且つ未開発の漁場であって全く資料もなく殆んど推定に止まる部分が多く杜撰なもの」との前置きをしつつ、「わかめ、のりの着生面積は思ったより狭少……採り尽くせないなどという程の豊富な資源量はな

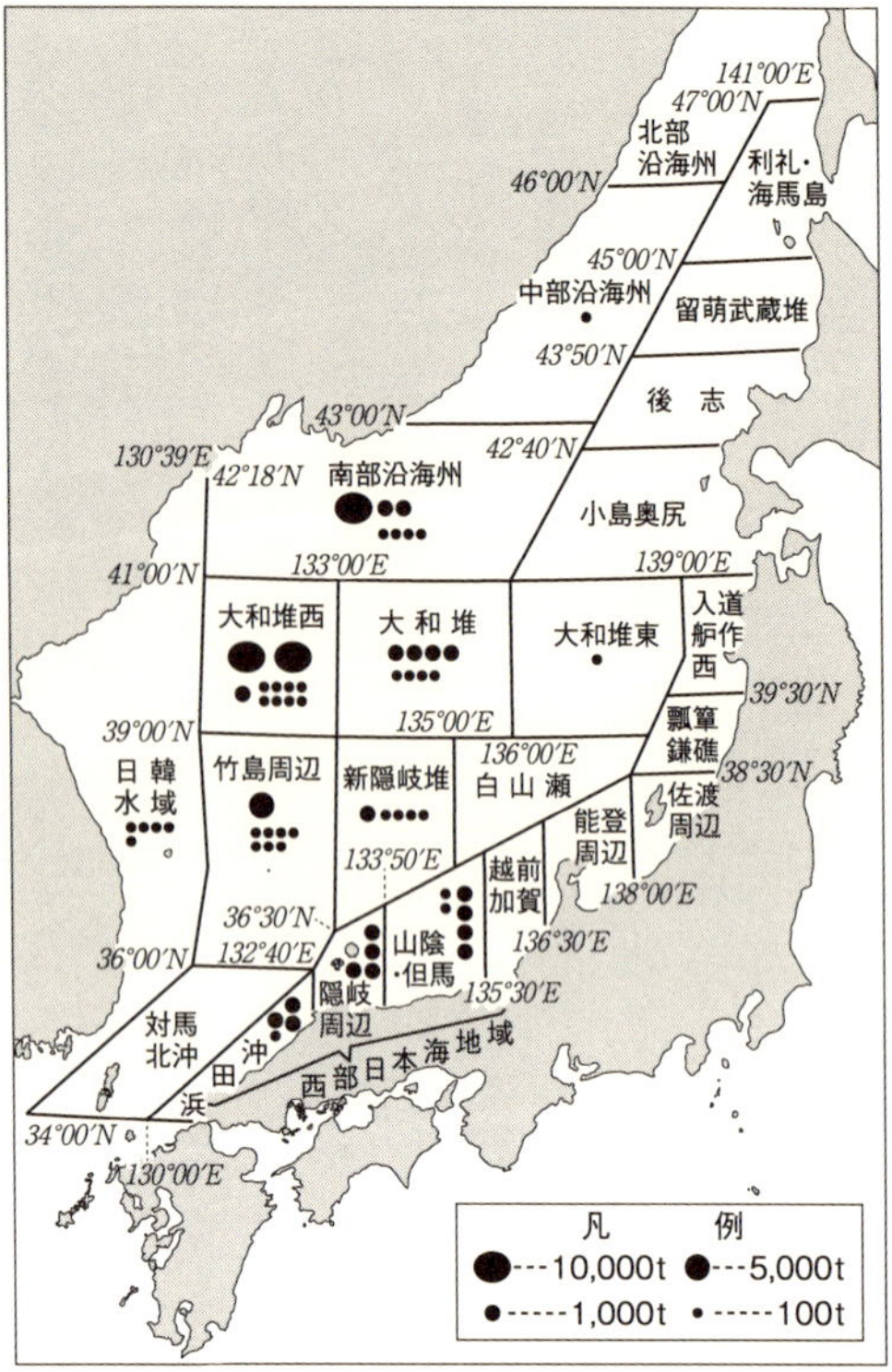

図4　西部日本海地域いか釣り漁業漁場別漁獲量分布図(昭和51年)

出所：近畿農政局『西部日本海地域におけるいか釣り漁業漁場別統計(昭和51年)』近畿農政局，昭和52年11月，4頁。

く……貝類は……先ず永続性のない漁場と考えてよかろう……根付漁業には期待はもてないが、回遊性魚類については期待ができると思う」と書かれてあります。竹島周辺は二〇〇〇メートルの水深があり、これでは底引きも厳しいと思われます。そうであるとすると、「豊富な漁場」というのも活用できてこそという留保がつくと思います。

表1　西部日本海地域におけるイカ釣り漁業漁場別統計

	漁獲量総計	沿岸計	沖合計	竹島周辺計
1971(S.46)	85,039	9,757	75,282	40,745
1972(S.47)	98,290	11,046	87,244	26,198
1973(S.48)	85,838	10,541	75,297	8,072
1974(S.49)	62,582	6,296	56,286	18,262
1975(S.50)	62,608	7,128	55,480	5,276
1976(S.51)	57,721	11,324	46,397	5,713
1977(S.52)	40,087	12,708	27,379	4,229

出所：近畿農政局『西部日本海地域におけるいか釣り漁業漁場別統計表』(昭和47年9月〜昭和54年1月)を基に筆者作成。

注：単位はトン(t)。沿岸とは，浜田沖，隠岐の島，山陰・但馬，越前・加賀のそれぞれの漁場を合わせた海域を指す。沖合とは，白山瀬，大和堆，新隠岐堆，竹島周辺，日韓水域のそれぞれの漁場を合わせた海域を指す。

それだけではありません。先ほどイカのことを話しましたが、これは一九七〇年代半ば頃に作成された「西部日本海地域いか釣り漁業漁場別漁獲量分布図」です(図4)。島根・山口県の北方に「竹島周辺」という漁場があるなど、イカ釣り漁業においては日本海西部地域を漁場ごとに区分し、漁業が行われていたことがわかります。日本海西部地域は、イカ釣り漁業にとっては重要な海域と言えます。具体的に見ていきますと、表1はその地域のイカ釣り漁業漁場別統計を示したものです。統計が利用可能な一九七一年から七七年までの数字しかありませんが、それでも竹島周辺海域でどのくらいのイカの漁獲があったのかを知る唯一の統計です。「漁獲量総計」

と「竹島周辺計」を比べると、一九七一年では全体の半分くらいが竹島周辺での漁獲です。それが七七年までに全体で半分くらいに減りますが、竹島周辺では一〇分の一くらいまで激減しています。なかなか竹島まで出る人たちがいなくなった、あるいは行ったとしても捕れなくなったという原因がここにはあるわけです。表1には「竹島周辺」も含む沖合の漁獲量が載っていますが、沖合漁業自体が衰退していっていることもわかります。このように竹島周辺海域は、特定の漁業にとっては「豊富な漁場」であり、重要な海域です。換言すれば、竹島周辺海域というのは、日韓にとって国全体の漁獲量から言えば、国同士が話し合うほどの重要な漁場ではない。しかし、その漁場に出漁する人びとあるいはその人びとが暮らす地域にとっては死活的な海域だということです。敷衍すれば、竹島を含む周辺の海は、活用に難点があり、そこを生活圏に含む人びとにとっての「豊富な漁場」だと言えるのです。留保をつけなければならないというのはそういう意味です。

排他的経済水域設定のインパクト

ここまで話をしておいて、私はよく質問をします。現在、竹島周辺ではまったく漁業ができません。竹島一二カイリの沿岸に近づくと、すぐ追い返される状況ですから、トラブル防止のために、最低二〇カイリは離れて操業を行っているのが実状です。それでは日本漁船がこのような実状で操業しなければならなくなったのはいつかという質問です。いつからでしょうか。このように尋ねると、竹島問題について多少なりとも知識をもっている方々の方が誤答をします。例えば、日本が敗戦してすぐだとか、李承晩ラインが宣布された一九五二年からだとか、竹島が韓国によって実力支配され始めた五四年だとかいった具合にです。しかし、先ほど分布図や統計を示したように、少なくとも一九七七年までは行っているわけです。正解は一九七八年五月八日までです。これは排他的経済水域(EEZ)二〇〇カイリの設定と密接に関わっています。米ソが二〇〇カイリの水域を設定したことで、日本も七七年に設定を行います。これに対抗して、その年から翌年にかけて北朝鮮も韓国も領海法および漁業水域暫定措置法を、名称は様々ですが制定することになりました。そして五月八日にまずは韓国航空機による退去を促すような動きがあり、翌日に軍艦を派遣して、竹島一二カイリでは日本漁船が操業を行ってはいけないと追い出しを図ったことで、事態が深刻になってはいけないと日本漁船は自粛撤退をするわけです(正確には、韓国軍艦は当初、竹島から六カイリの外に出るよう退去命令を出しました)。

竹島の価値と関連事業費

ここで少し別の観点から竹島問題に分け入りたいと思います。私と一緒に竹島問題を研究している同僚に佐藤壮(さとうたけし)という国際政治学者がいます。彼は近代以降の世界の領土問題を丹念に調べ、普遍的に領土問題は時間がかかるしなかなか解決できないものだ、なぜ解決できないかというと領土は不可分だからだ、と教示してくれました。そこで私は可分にできないかと思い、価値の問題を考え始めました。竹島には漁業以外にどのような可視的な価値があるのだろうかと。例えば、竹島では僅かですがリン鉱が存在します。この鉱業権をめぐっては、採掘業者と島根県の間で訴訟沙汰も起こっています。また、鳥のフンが大量に堆積していて、それを肥料に使おうとする人びともいました。

それでは、いったい竹島の土地の値段はいくらなのか。竹島は「竹島防禦区」という国有財産ですから、財務省の国有財産台帳に記載されていて、ここには価額も記載されています。土地の値段と言うと差し障りがあると思いますが、そこに記載されている金額はいくらだと思いますか。台帳には五〇〇万円と書かれています。五〇〇万一八二五円です(図5)。また、漁業的価値について言えば、幸いにも一九七五年頃に大日本水産会が算定したものがあり、それを現在にあてはめて私が推算したところ、一一四億円程度となります。

他方で竹島問題のために、支出せざるを得ないコストがあります。島根県の竹島事業費は三一六四万円です(平成二五年度予算)。また、竹島問題が解決されないがゆえに、西部日本海には日韓の間で暫定水域が設定されています。そこでは様々なトラブル、違反操業や漁場独占などの問題が発生していて、その日本側の損害を計上すると、毎年七二億円程度になります。こうして収支合計すると、四七億円程度のプラスになります。しかし、現在韓国が竹島を実力支配していますから、結局一一四億円程度の価値は受けられないままに、マイナスだけが毎年膨れあがっているというのが現在の姿です。

繰り返しになりますが、日本は恩恵を享受できないままに本来得られる三分の二の損失を毎年

No.　1/1

口座名　竹島防禦区

口座番号　0740-32528-10094-0001

所　在　島根県隠岐郡隠岐の島町※

索引番号	

区分	土地	地番別明細	地番	数量	沿革	平成16.10.1 市制昇格等により隠岐郡五箇村より変更	測量		境界	
種目	原野									
用途							用益物権等		付属図面	番号 / 名称 / 番号 / 名称

異動年月日	増減事由	増額 数量	増額 価格	減額 数量	減額 価格	現在額 数量	現在額 価格	登記 年月日	登記 目的	備考	文書日付 / 記号番号	記載年月日 / 照合年月日	印 / 印
		平方メートル	円	平方メートル	円	平方メートル	円						
平成 22.01.04	転記	231,371.89	5,001,825			231,371.89	5,001,825					平成22.01.04	

ページ

図５　「竹島防禦区に係る国有財産台帳」の一部

出所：「竹島防禦区に係る国有財産台帳」(財務省松江財務事務所)。

被っているのです。同じことは韓国についても言えます。韓国では独島ですが、その独島の東島、西島をあわせて三二七五万円がその公示価格となっています（二〇〇八年度現在）。ただし、独島は天然記念物ですから買うことはできません。また韓国の学者によれば、漁業の価値、つまりそこで水揚げされている金額が一二九七万円（二〇〇七年度現在）。さらに鬱陵島経由で独島に上陸することができ、観光化されていますから、その観光収入はと言えば約四五億円です（二〇〇八年度現在）。これに対して独島関連予算として、外交通商部や国土海洋部、独島を管轄する慶尚北道においてそれぞれの支出があり、それらをまとめると約三〇億円から一〇〇億円ぐらいの幅であると言われています（二〇一二年度現在）。そうなると完全に支出の方が多いように思いますが、独島関連予算として具体的な数字把握が可能な外交通商部および国土海洋部の二〇一二年度予算で収支合計すると、一四億円程度のプラスになります。とはいえ、韓国も竹島の価値――漁業、観光といった恩恵――を享受しながら、問題が解決されないことにより、恩恵の三分の二の支出をせざるを得ない状況にあるのです。この支出は無論、国民の税金です。ごく初歩的な検討ですが、価値の観点から言えば、竹島が問題化しているがゆえに、日本も韓国も恩恵をそのまま享受できていないという現実が浮き彫りになります。

日韓暫定水域と漁業の実態

最後に、竹島周辺海域あるいは竹島をめぐる日本海西部地域の漁業実態について話します。図6

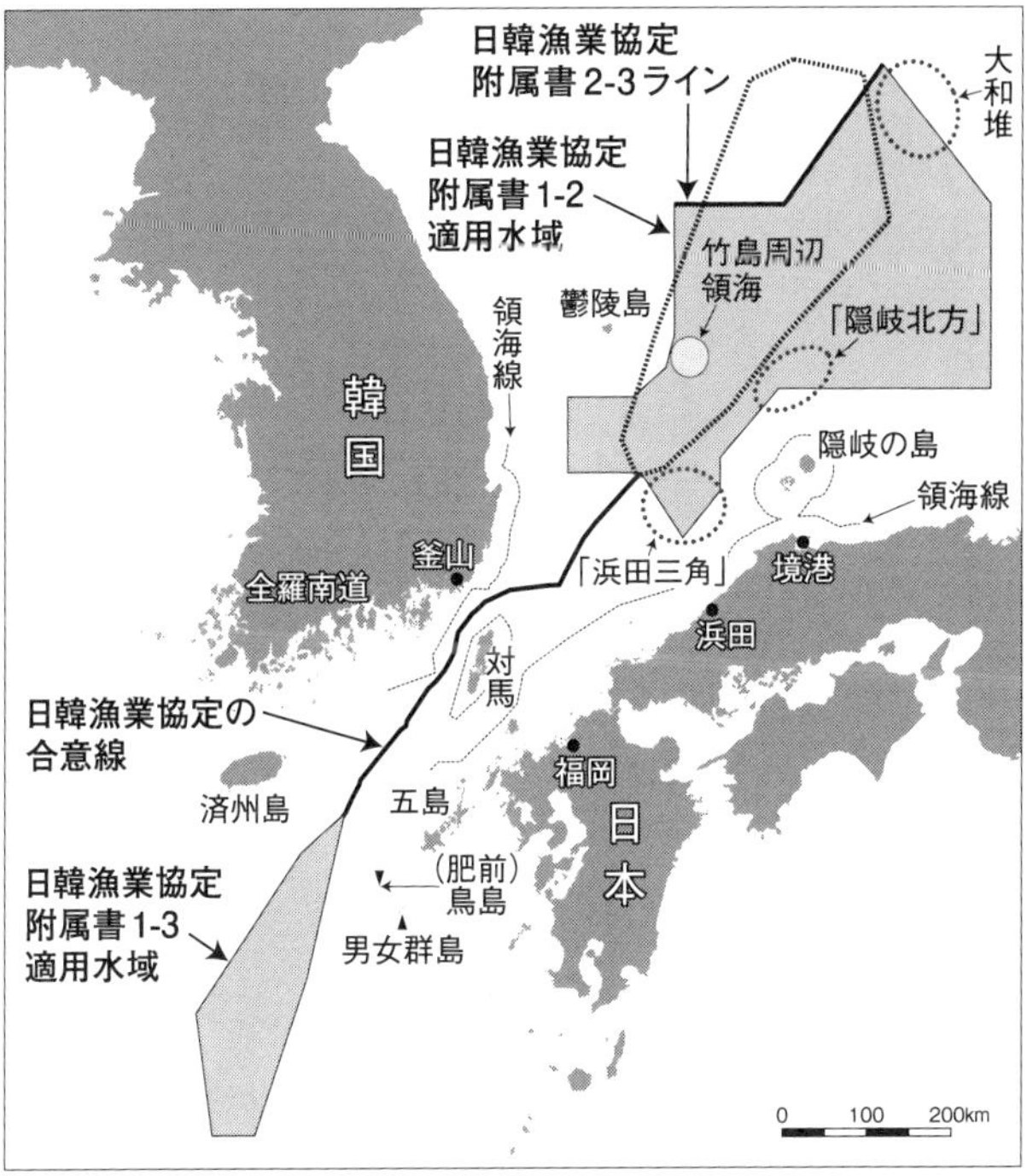

図6 日韓漁業協定と暫定水域

出所：岩下明裕『北方領土・竹島・尖閣，これが解決策』朝日新書，2013年，156頁。

をご覧ください。細い実線で囲まれ灰色で塗りつぶされている部分が日韓の暫定水域として設定されているものです。その暫定水域の一部にかかるようにして、「竹島周辺領海」を囲むように引かれた破線は「中間線」です。どういうことかと言いますと、仮に竹島を日本領とした場合には竹島と鬱陵島の中間線に国境が引かれることになりますから、それが破線の上半分、竹島が仮に韓国領だと確定した場合には竹

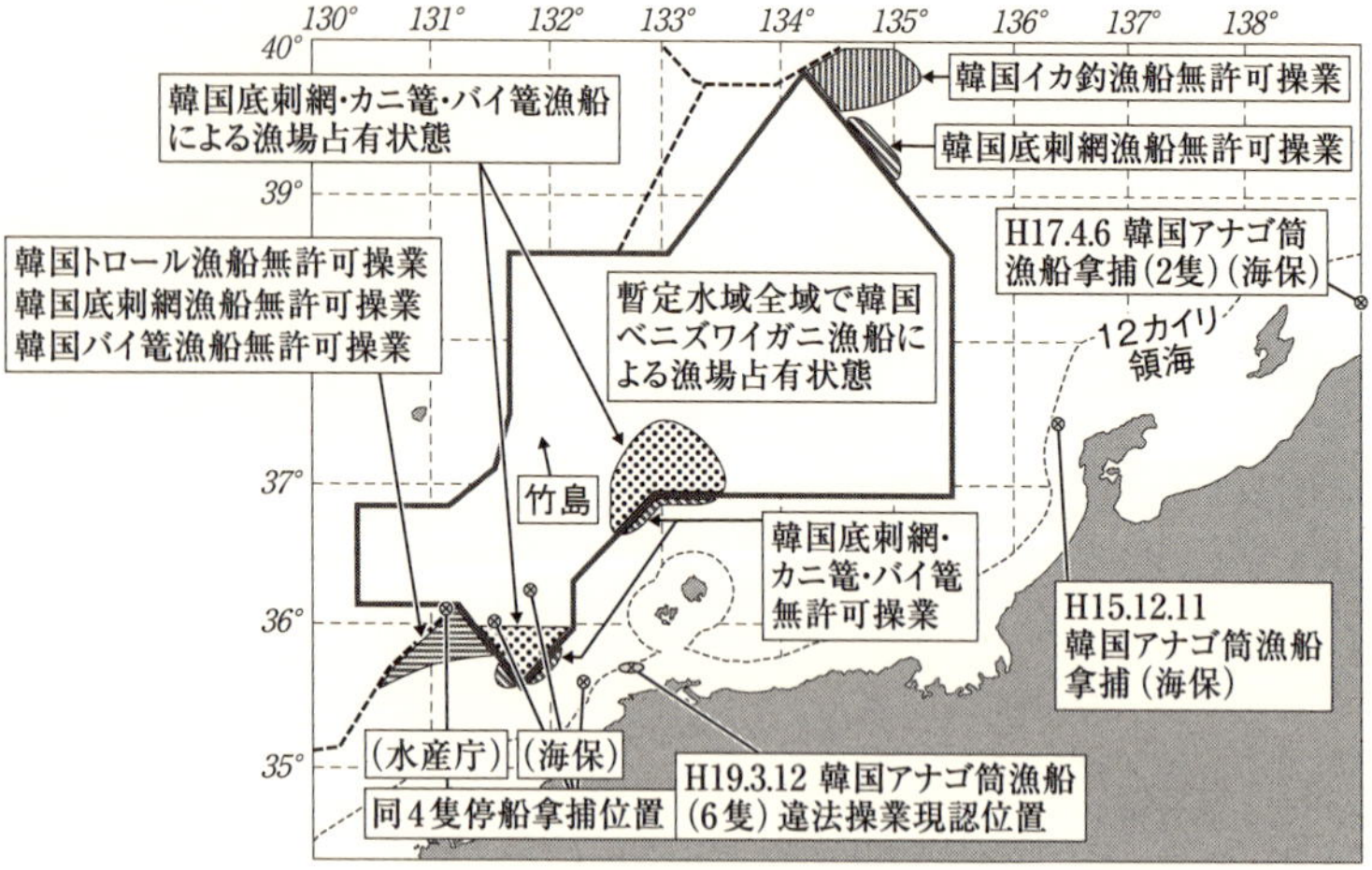

図7　外国漁船の取締概要図

出所：A 水産関係団体が作成した概要図を転載。

島と隠岐の島の中間線が国境になりますから、破線の下半分ということになり、それを表したのが「中間線」です。このことを念頭に置きながら、図7をご覧ください。この図は日韓暫定水域の諸問題を議論すべく、ある水産関係団体が作成した概要図です。「関係者限り」として配付され入手した資料の一部なので、出所の開示は勘弁ください。その概要図ですが、太い実線で囲まれているところが暫定水域で、縦線・横線・斜線などで囲みが施されているところが外国漁船の取り締まりを行っている場所です。次に示す韓国漁船による違法あるいは漁具の押収位置図(図8)を見ても、毎年水産庁が出している「重点取締海域及び漁具押収多発海域」図(図9)を見ても、違反操業や漁具押収、漁場独占などといった漁業被害が暫定水域内外で引き起こされてい

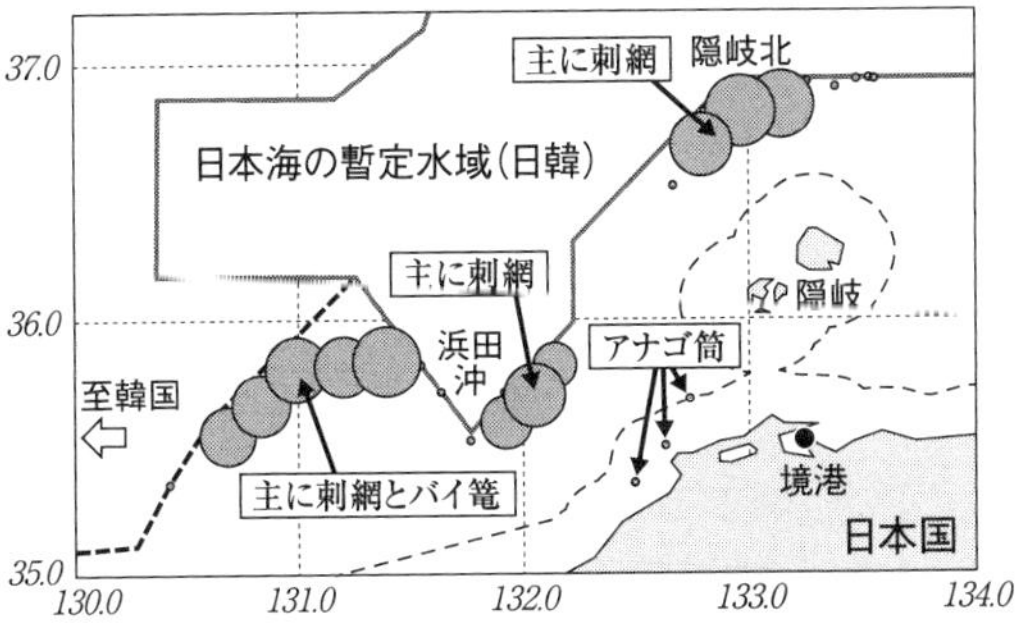

図8 韓国漁船違反漁具押収位置図

出所:「韓国漁船違反漁具押収位置図」境港漁業調整事務所 http://www.jfa.maff.go.jp/sakaiminato/kantoku/ihan_kaishu.html(2013年10月3日最終アクセス)。

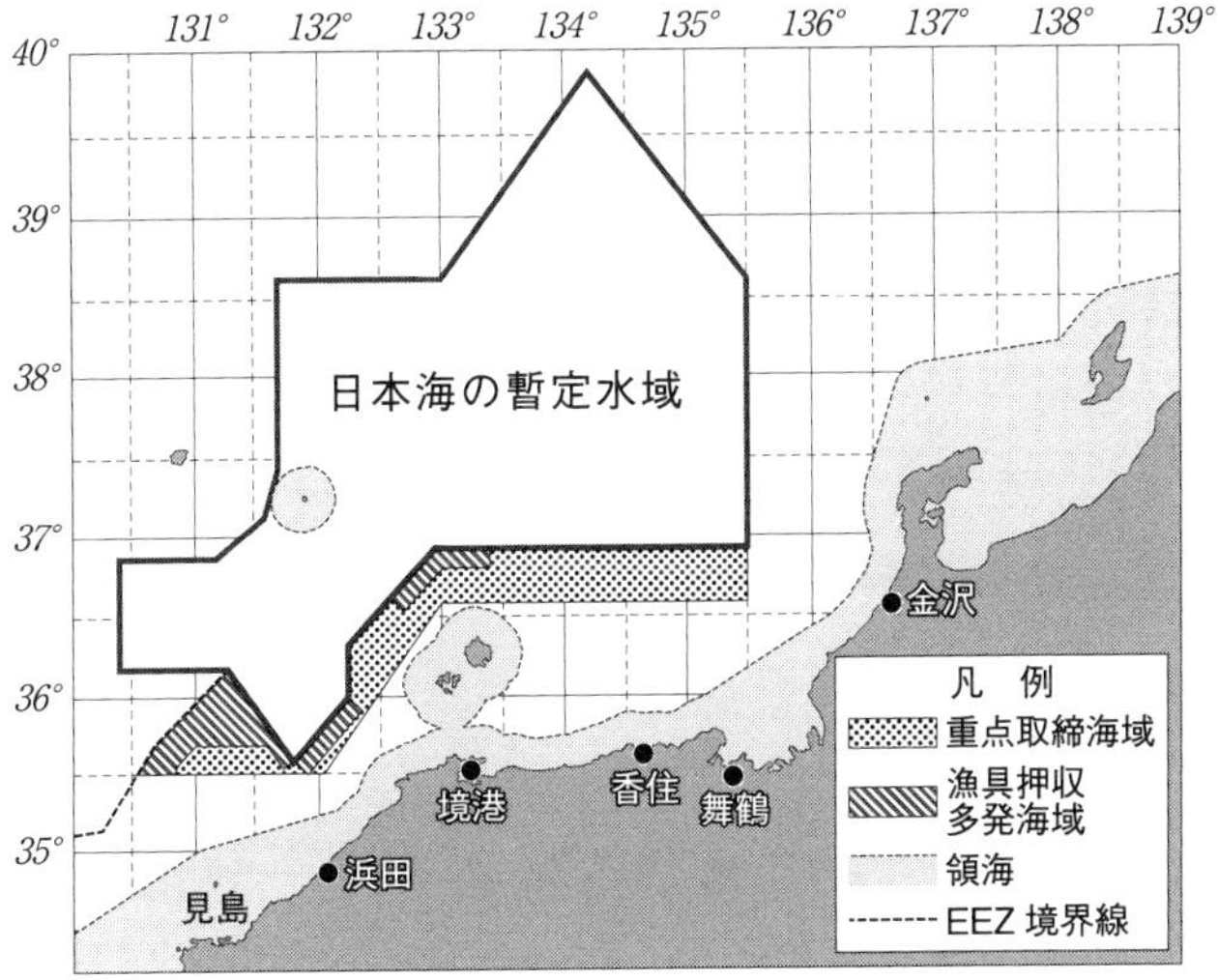

図9 重点取締海域及び漁具押収多発海域(概念図)

出所:「重点取締海域及び漁具押収多発海域(概念図)」水産庁 http://www.jfa.maff.go.jp/j/press/kanri/other/121101-01.ppt(2013年10月3日最終アクセス)。

表2　韓国漁船の違反・漁場独占による直接・間接的損失の試算(1999-2006)

損失の内容	年　間	累計8年間
取り締まりに要する経費	19億円	150億円
漁具回収に要する経費	7億円	55億円
違法漁獲による損失	31億円	248億円
暫定水域独占による損失	16億円	125億円
合　計	約72億円	約578億円

出所：A水産関係団体が作成した資料に基づいて，筆者が一部修正を施し作成。

ること、とくに「隠岐北方」や「浜田三角」など暫定水域の南側に集中していることがわかります。こうした取り締まりに、先ほど毎年七二億円と言いましたが、一九九九年から二〇〇六年の八年間に累計としてこれだけの被害が出ているという実態が重要です(表2)。近年では、毎年一〇件程度韓国漁船が拿捕されており、ここ一〇年でその数は合計一〇七件にのぼります(二〇〇四年から二〇一三年七月二二日まで)。ここでは韓国漁船が「けしからん」と言いたいのではなくて、拿捕の危険を冒してでも出漁せざるを得ない韓国の実状がある、またそうした秩序実態でしかないということを言いたいのです。事実、拿捕される韓国漁船のなかには、繰り返し拿捕される強者もいます。

以上の実態を踏まえると、①暫定水域の設定にもかかわらず、外国漁船の無許可・違法・集団操業、漁場の占有、違反・密漁漁具の投棄などの問題は、その内外で相変わらず引き起こされている。②韓国の主張中間線で線引きを行っても(行うとかえって)、韓国漁船が出漁を望む多くの漁場が失われる結果になる。③領土問題の解決がたちまち漁業問題の解決を意味しない、というふうに整理することができます。重要なことなので繰り返し言いますと、仮に韓国の主張中間線、つまり図6の下半分の破線で国境を引いた場合、かえって韓国漁船が出漁を望む多くの漁場が失われる結果になってしまうのです。言い換えれば、韓国が竹島を韓国領と日本に認めさせた瞬間に韓国人の漁場が喪失する。これを反転させれば、仮に日本が竹島をあきらめれば、その瞬間に日本は多くの漁場を取り戻せる、ということになります。しかしもちろん、韓国に竹島を日本領だと認めさせれば日本の領域はさらに広がるわけですが、曖昧な現状は実態として述べた通りで、竹島問題があるいまの方が韓国人漁業者は実利を得ることができているのかもしれません。この矛盾を韓国の人たちにいくら言っても理解されないところが腹立たしいところです。領土問題の解決が、そのまま漁業問題の解決を意味しないということも、竹島問題を考える際に反芻すべきことと思います。

「面」や「立体」で捉える

まとめてですが、これが「罠」なのかどうかは後の議論に譲るとして、日韓両国ともに「面」や「立体」、つまり海域とかあるいは人びとの「生」とか、そういったものを見なければいけないにもかかわらず、いまだ多くの人びとが領土という「点」でしか見ていないということを今日はお話ししました。ミクロ、つまり相対的な意味で、竹島の周辺漁場が有用な場所、これを生活圏に含む地域や人びとにとっては有用な場所であるという事実にもかかわらず、いきおいマクロ的に国家として譲れない場所だとか、そういう論理でもって言説が一人歩きするところに「領土の罠」が潜んでいるのではないかと考えます。竹島をめぐる議論は、風車に突撃するドン・キホーテのような様相を呈しかねないのではないかということを申し上げ、話を切り上げたいと思います。

日本の国境地域の現実

本間浩昭

「国境地域の現実」というテーマでお話します。ラッコと言えば、水族館のアクリルケースの中にいる動物と思われるかもしれませんが、このラッコは北海道本土最東端の納沙布岬(根室市)に現れたものです(写真)。

「見えない壁」

根室海峡には「見えない壁」がある、と言われています。ベルリンの壁や三八度線のように、目に見える壁ではありません。でも、ひとたびこの「壁」を越えようとすれば、銃撃・拿捕されかねないという点では同じです。このラッコは、その「見えない壁」の向こう側からやってきました。あらためて申すまでもなく、野生動物には国境がありません。

日本のボーダーランド(境界地域)にはそれぞれに建前があり、本音があり、内に秘めたる自立への思いがある。僕はそう考えてきました。まずは日本地図を広げ、コンパスの針を東京に置いて、半径一〇〇〇キロと二〇〇〇キロの円を描いてみましょう。ふたつの円に囲まれたあたりに、係争地帯があることがわかります(図1)。

では、国境がどのように形づくられるかを考えてみましょう。

大きな池の両側に人が立って、同時に石を投げ合うとします。そのときにできる波紋どうしがぶつかるあたり、そこに国境線ができる、と考えるとわかりやすいかもしれません(図2)。

手をつないで海面に浮かぶ2頭のラッコ

北方四島のような係争地の場合、空間が遮断されてしまえば、人や物の往来ができなくなるようにみえます。でも、実際はそうではありません。ひところ「特攻船」と呼ばれる高速船が暗躍した時代がありました。取り締まりの手から逃れるために、猛スピードの出る違法改造漁船を使って越境し、カニやウニなどの高価な水産物を密漁していました。北方四島水域から根室海峡を舞台に、一九九〇年

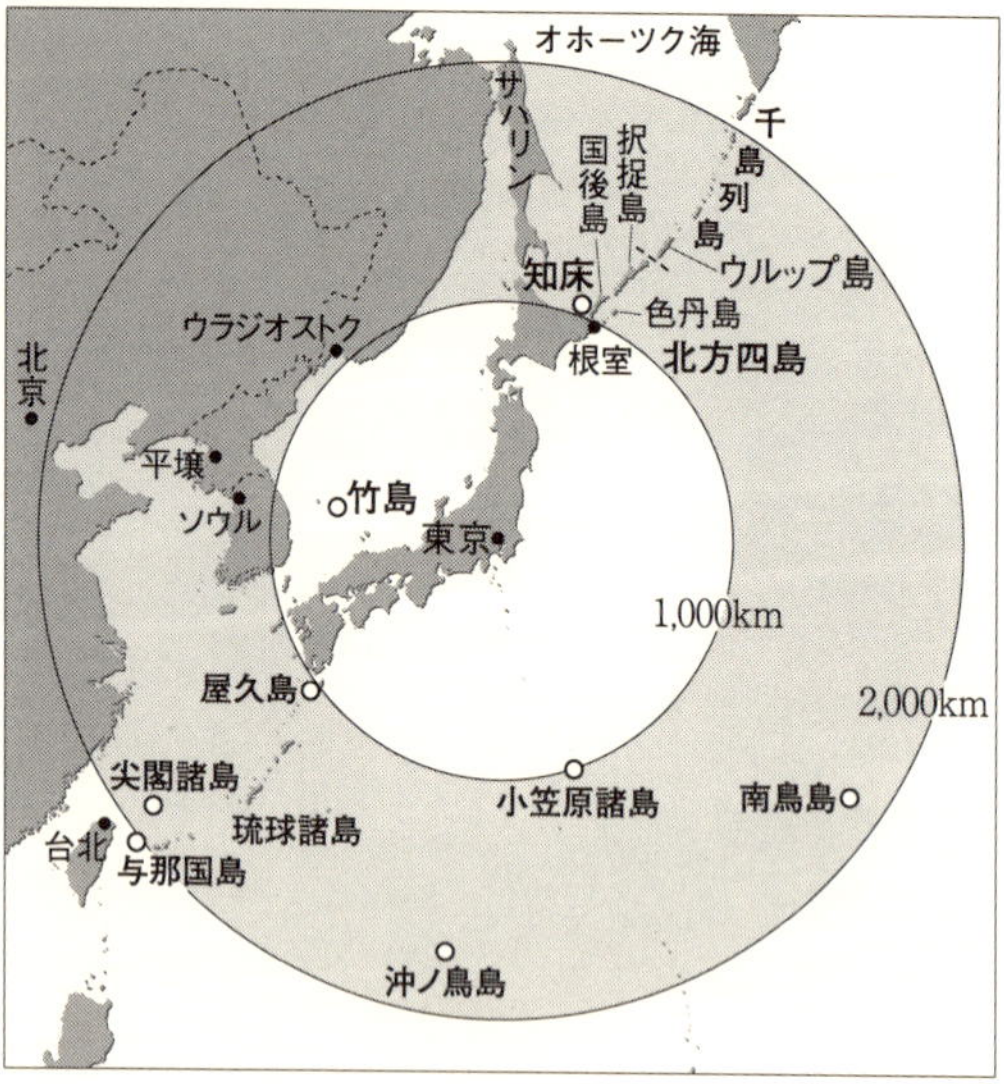

図1　係争地の多くは東京を中心として半径 1,000-2,000 km の同心円内にある

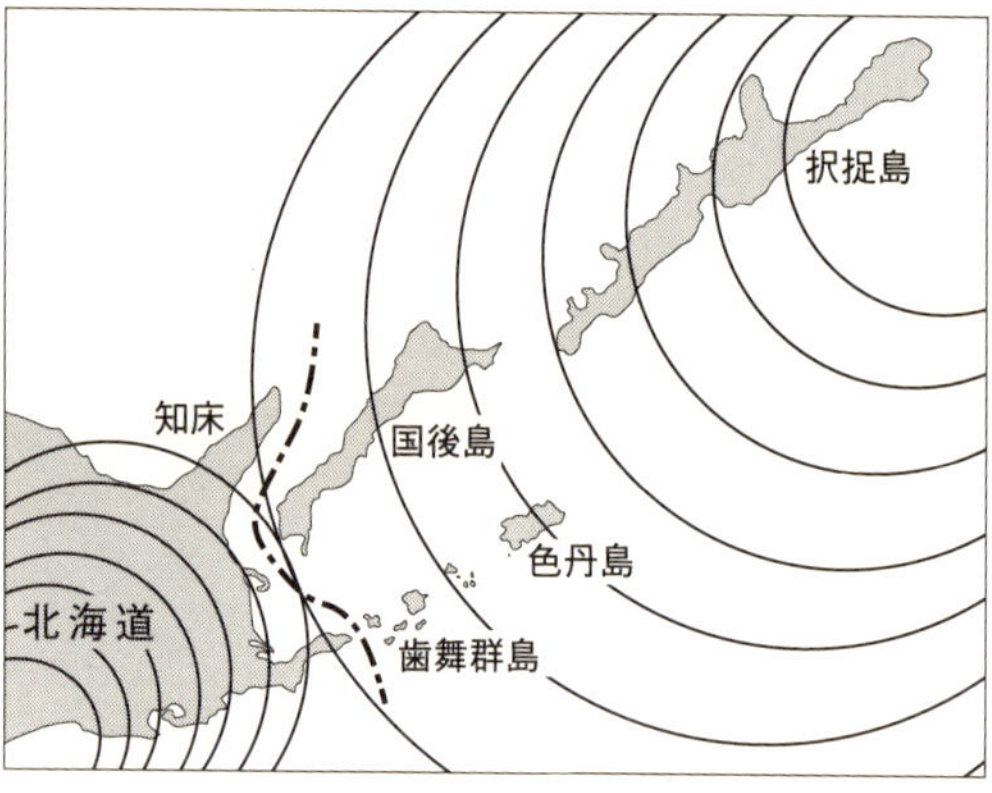

図 2　根室海峡の「見えない壁」

代の初めまで暗躍していた日本の高速漁船です。

ところがソ連崩壊前後から、日本の漁業者が体を張って密漁するのではなく、ロシアの船に密漁させて、それを合法的に日本に〝輸出〟する新たなビジネスが現れました。いわゆる「フィッシュ・マネーロンダリング」です。主たる担い手は、日露双方の水産マフィアでした。それを可能にしたのは、皮肉にも日本の法律でした。関税法第一〇八条は北方四島を「当分の間、外国とみなす」と規定していて、「日本固有の領土」からの〝輸入〟を可能にしているのです。

最初のターゲットになったのがカニやエビなどの甲殻類です。タラバガニや花咲ガニ、毛ガニ、ホッカイシマエビなどで、総称して「外貨獲得魚種」と呼ばれています。これらは激しい密漁、乱獲、〝輸出〟の結果、数年で資源が枯渇してしまいました。現在はエゾバフンウニがターゲットになっています。戻りの船で中古の日本車が大量に運ばれた時代もありました。いわゆる「担ぎ屋」のような、境界ならではのアングラ・ビジネスです(図3)。

先に述べた関税法の「みなし条項」は、ある意味で領土問題の陥穽とも言えますが、法律の穴がピンホールのように空いていて、実際には空間が遮断されていないことがわかります。

ロシア側としても、こうしたアングラ・ビジネスを放っておくわけにはいきませんから、二〇〇六年以降、「辺境のならず者壊滅作戦」に着手しました。カスピ海のキャビア、バレンツ海のタラバガニ、そしてクリルのカニ、この三つに重点を置いた「プロジェクト国境」です。そして悲惨な銃撃事件も起きました。

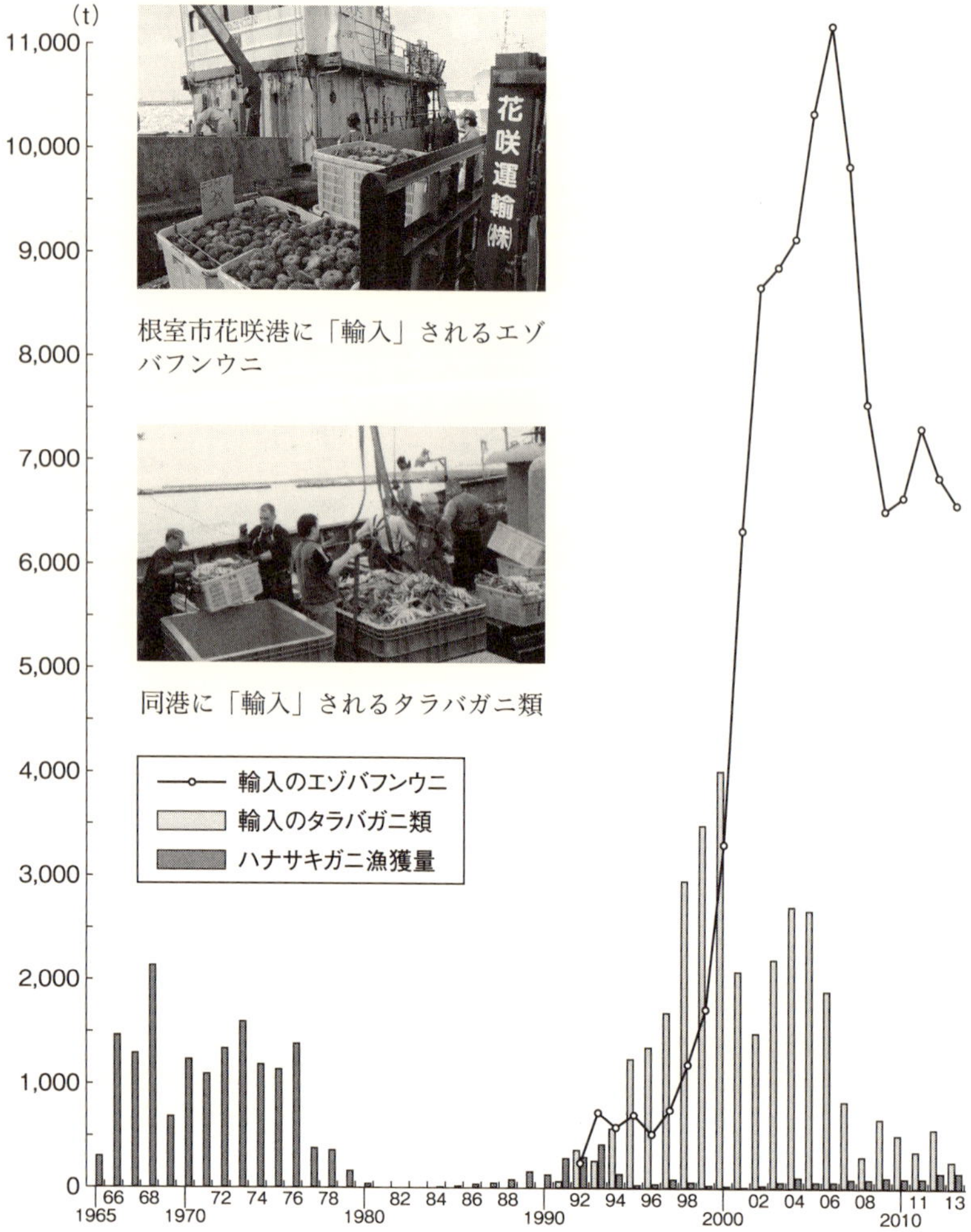

根室市花咲港に「輸入」されるエゾバフンウニ
同港に「輸入」されるタラバガニ類

図3　エゾバフンウニ，タラバガニ類の輸入量と花咲ガニ漁獲量の推移

注：根室税関支署，根室市役所，市場取扱量，流通関係資料などの統計から本間が作成。

国境の陥穽

国境は単なるアングラ・ビジネスの場ではありません。随所で実に奇妙なことが起こります。二〇一一年五月、「境界地域研究ネットワークＪＡＰＡＮ（ＪＩＢＳＮ）」（境界自治体や大学研究機関により二〇一一年に始動し、同年一一月に正式設立。詳細は本章四頁やあとがき記載のホームページ参照）の一行を乗せた与那国空港発台湾・花蓮空港行のチャーター便は、大きく迂回するルートを取りました。与那国空港から花蓮空港までの直線距離は、約一四三キロです。時計と逆回りに距離にして三倍以上遠回りして花蓮空港にたどり着いたことになります。

地上と違って空は、どこでも自由に飛べるように見えますが、実は航空網がメロンのしわのように張り巡らされていて、「位置通過点」というポイントを通過して飛ぶように決められています。ところが、与那国島と台湾との間には、位置通過点がほとんど設けられていなかったため、位置通過点のある北回りの迂回ルートを取らなければならなかったのです。

似たようなことは、北方領土周辺でも起きました。道東の中標津空港から国後島のメンデレーエフ空港までの距離は約六〇キロなのですが、二〇〇〇年一〇月に初めてのチャーター便が飛んだ際には、いったん女満別空港の上空まで飛んで、さらに北のサハリンの手前で右に旋回し、時計回りになんと五〇〇キロ以上も遠回りをしました。

こういう奇妙な現象は海路でも起きています。二〇一三年五月、元島民が自由訪問に行ったときのこと。根室市納沙布岬からたった七キロしか離れていない歯舞群島・水晶島に行くのに船は、いったん国後島の古釜布港まで行き、沖合いで入域手続きをして水晶島へ向かいました。五倍の迂回を強いられたのです。

電波にもおかしな現象が起きています。対馬の北端に「韓国展望所」があります。ここでは携帯電話が韓国の電波に国際ローミングされてしまいます。国内通話のつもりでも、自動的に約五〇キロ離れた韓国の電波を拾ってしまうので、かけた側にもかかった側にも国際通話料金が請求される、というおかしなことが起きます。僕はこれを「電波の実効支配」と呼んでいます。与那国島でも同じで、最西端の岬・西崎では台湾の電波を拾ってしまいます(写真)。

狙われる周縁部

先ほど東京を中心とするふたつの円を描いてみましたが、島国・日本にとって、脅威は東京から一〇〇〇キロ圏あたりからやってくるようです。尖閣諸島、竹島、北方領土など、このところ日本の周縁部が揺れていますが、実は江戸時代後半にも同じように周縁部が諸外国の「草刈り場」と化していた時期がありました。

帝政ロシアのラクスマンが鎖国・日本との通商を求めて根室に来航したのが一七九二年。この頃から日本の周縁部に外国船がうろつき始めました。「黒船」を引き連れて日本の鎖国をこじ開けたアメリカのペリーにしても、ロシアのプチャーチンにしてもそうです。英米露は小笠原諸島を拠点とし、英露は対馬をうかがっていました。

一攫千金を夢見る密漁者は、距離の遠さをいといません。宝石サンゴを狙って中国漁船が二〇一一年、福建省から二〇〇〇キロ以上離れた小笠原諸島まで来て密漁を企てました。同じ時期、長崎県の肥前鳥島でも中国漁船が海上保安庁の巡視船に相次いで拿捕されました。宝石サンゴは、三月の誕生石ですが、これもアンダーグラウンドな経済の標的になっている極めて高価な生物資源のひとつです。

長崎県対馬市の韓国展望所

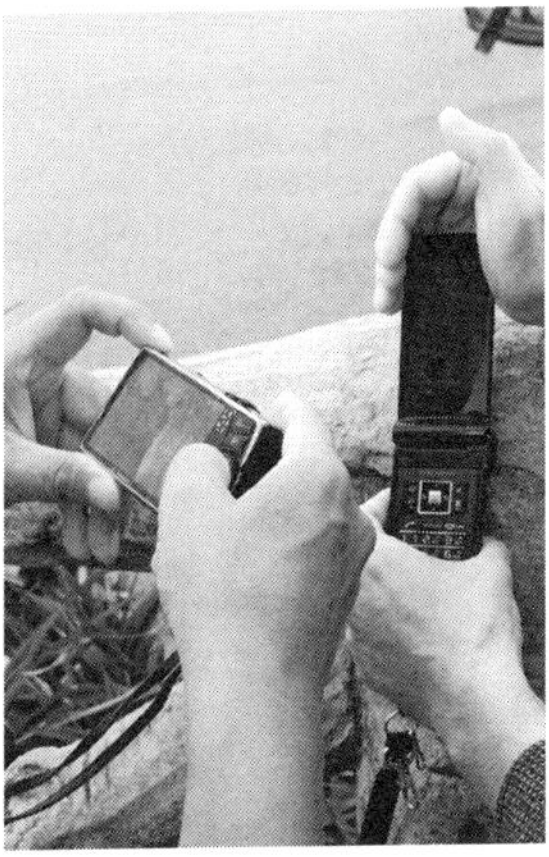

国際ローミングされてしまう
携帯電話

領土問題があるがために、アンダーグラウンドな経済が形成された地域に、根室があります。初夏から夏にかけて黒潮と親潮がぶつかり、濃霧に覆われるため、密漁者にとっては「ベールに包まれた操業」が可能な海域です。ソ連崩壊からしばらくは、取り締まりに不可欠な燃料油が国境警備隊に行き渡らなくなり、日露双方による違法操業の嵐が吹き荒れた時期もあります。東京から約一〇〇〇キロという距離にあり、監視の目が届かないという事情もあるのでしょう。

カニやウニは、ロシアからの〝輸入〟で魚価が下がり、回転寿司でもウニの軍艦巻きが食べられるようになりましたが、沿岸漁業者はたまったものではありません。資源は、枯渇への一途をたどり、追い打ちをかけるように燃料油が高騰し、遠い漁場を往復して操業する漁業者の経営が圧迫されるようになりました。一方、根室海峡の北側では、ロシアのトロール船が操業を始め、スケトウダラ資源が一気に枯渇しました。未成魚まで根こそぎ漁獲してしまうため、漁獲量が一〇分の一以下まで減ってしまったのです。

こうなると日本の漁業者は、これまでよりたくさん漁獲するか、漁獲対象外の魚でも捕らないと利益が出なくなり、違法をかえりみない「無理な操業」を強いられるようになっています。当然のことながら、拿捕や銃撃事件も起きるようになって、悪循環のスパイラルに陥っています。それでも根室市の一人当たりの所得は、札幌市と比べても年間数十万円も高いのです。こうしたデータが物語るのは、いまだに水面下の経済が存在しているということでしょう。かつてほどではないにしても。

国境地域というのは、何かと浮沈の激しい場所です。上下振幅の大きな波動のように、繁栄と衰退が繰り返されます。皮肉な話ですが、領土が返還されないがゆえに、大いに潤った時期が根室にはありました。ところがそうしてもうけた「タンス預金」もそろそろなくなり、どこかに使えるカードはないかと、政府に「打出の小槌」を求め始めました。「北方領土が返ってこないから、我々は苦しい」と。

いま、北方領土で何が

では、いま北方領土では何が起きているのでしょうか。みなさん割とご存じないようなので、少し紹介してみようと思います。落差がわかるように、「アフター」、「ビフォア」の順でスライドを映してみましょう。これは二〇一〇年に完成した色丹島の港湾ですが、ほんの一〇年前までは、まるで皇居の釣り堀みたいな桟橋でした。道路は二〇一二年からアスファルト化が始まりましたが、それ以前は砂利道でした。一〇年ほど前には、馬車がわだちにはまって動けないような光景も日常的でした。これは択捉島の新病院です。この病院ができるまでは、長屋のようなみすぼらしい建物で診療していました。択捉島では新しい飛行場を造っています(写真)。計画地は、大湿原でした。湿原の泥炭を五メートル掘り下げ、排水路を設けて地盤を改良し、石を入れて液状化対策をしました。

地区行政府の説明では、国際空港にする計画のようです。「日本固有の領土」に、ロシアの国際空港ができたら、どうなるでしょうか。ロシアのパスポート・コントロールを経るかたちで、世界中から観光客が押し寄せる可能性があります。すでにクルーズ船も寄港しています。二〇〇八年の北海道洞爺湖サミット開催中には、オーストラリアに本社のある会社が企画したクルーズ船が国後島と択捉島に立ち寄り、島内観光をしました。このときは事前に日本外務省が自粛を要請しましたが、無視されました。

優れた景観の景勝地、温泉などがあり、コテージもできています。実際に国際空港となれば、韓国の仁川空港発の路線が就航されることでしょう。最初はチャーター便かもしれませんが、世界的にみてもこれまで「観光の空白地」だっただけに、定期航路に昇格するのは時間の問題かもしれません。そうなれば、日本から韓国経由で択捉島に行く〝閣議了解破り〟の日本人観光客も出てくることでしょう。こういうかたちで実効支配が進んでしまえば、北方四島は完全に奪われたも同然です。

択捉新空港滑走路

国境の「波動」

遠ざかる「日本固有の領土」に対して、我々はどうしたらいいのでしょうか。このままでは世界的な価値のある自然まで壊れてしまう恐れがあります。先ほど、根室の浮沈について触れましたが、対馬や与那国島も良い時代があり、悪い時代もありました。国境が緩むとぼろもうけをし、締め付けが厳しくなると、とたんに貧しくなる。こうした上下動を繰り返すのがボーダーの宿命と言えそうです。

現在ではすっかり外交下手な国になり下がってしまった日本ではありますが、きちんとした戦略をもって外交を行っていた時代もありました。日露戦争に先だってわが国は、東シナ海や日本海などに独自の海底ケーブルを張り巡らし、喜望峰を越えてやってくるバルチック艦隊を待ちかまえていたのです。一九〇五年五月二三日、約四〇隻のバルチック艦隊が一列に隊列を組んで北上してくるのを海人(うみんちゅ)が発見し、近くの宮古島に通報しました。海底ケーブル陸揚げ施設のある石垣島まで五人の勇士がサバニ(小舟)を一五時間こぎ続け、さらに山越えをして石垣島から大本営に伝えたのです。

結果的には、海軍の仮装巡洋艦「信濃丸」が五島列島沖で発見した一報の方が早かったのですが、場合によってはこの漁師や五勇士の危機意識が、「勝てないはず」と言われた戦争を勝利に導いたかもしれません。自分が「いま何をすべきか」、という危機意識が末端の国民まで行き届いていた時代、ともいえそうです。海底ケーブルは根室や稚内にも敷設され、根室市には国後島とを結ぶ海底ケーブル陸揚げ施設の建物が残っています。

バックキャストという手法

さて、「バックキャスト」という概念、ご存知でしょうか。最初に「将来あるべきゴールの像」を描き、そこから現在を振り返って「目標実現までの里程標」をつくる。そのうえで、それぞれの年限までにやるべきことを着実に実行していく、という手法です。北方領土問題であれば、先ず「一〇年後に返還を実現する」というようなゴールを設定します。そのゴールから逆算して、例えば五年前までに達成すべきこと、三年前、二年前、一年前、半年前……と遡り、ひとつひとつ確実に実行していく。逆算した里程標通りにできない場合、翌年には「できなかった分のツケ」がやってくるので、必死にならざるを得ません。それがバックキャストというアプローチです。

実は日本の外交は、こうした手法をあまり採りません。大抵は「風向き外交」です。国際情勢をうかがい、相手国あるいは国内政治の安定状況を見据え、双方のやる気などを分析して前へ進める手法です。風向きが良くなりそうだと思ったらがんばりますが、それまではあまり動こうとしない。あるいは「休憩」してしまう。そういう場当たり的なアプローチ、「フォアキャスト」と呼ばれます。

境界＝豊かな生態系

ところでボーダーの自然は、どこも豊かな生態系を残しています。北方領土には「白いヒグマ」がいて、ラッコやシマフクロウもいます。尖閣諸島もそうです。特別天然記念物のアホウドリがまともに繁殖しているのは、伊豆諸島の鳥島と尖閣諸島、世界で二カ所だけです。西表島には特別天然記念物のイリオモテヤマネコが、対馬には天然記念物のツシマヤマネコが生息しています。

ボーダーの生態系の多くは、緑に覆われています。先ほど東京を中心とするふたつの円を描いてみましたが、世界遺産級の生態系は、半径一〇〇〇キロから二〇〇〇キロのドーナツの間に残されていることがわかります。裏を返せば、一〇〇〇キロまでは高度成長期にほぼ開発し尽くしてしまったことになります。白神山地もある意味で「陸の孤島」みたいなものです。だからこそ残った。開発のおかげで生活は便利になりましたが、その代償としてまともな生態系を失ってしまったのが日本という国です。

冒頭のラッコの「クーちゃん」は道東の釧路市に現れた後、西に約一五〇キロ離れた根室市納沙布岬に拠点を移しました。一度だけ根室海峡の中央部の別海町尾岱沼まで回遊したこともあります。島は渡り、海獣類は回遊します。では、どこから来たのでしょう。択捉島の「海洋保護区」か、歯舞群島・ハボマイモシリ島の繁殖海域から回遊して来たものと推定されます。

ラッコは棘皮動物のエゾバフンウニ、ツブなどの貝類、カニなどの甲殻類が大好きです。ロシア人はウニを食べる食文化がないので、ラッコにとってウニは、競争相手のいない「食べ放題」の食料でした。野生動物の場合、食料が十分にあると、繁殖率が高まるのが一般的です。このため、明治時代初期の乱獲によって、いったんは絶滅寸前にまで追い込まれたラッコも次第に個体数を増やしていったのでしょう。ソ連は「海洋保護区」を設置し、保護にも努めました。歴史の皮肉ではありますが、ソ連が戦後、北方領土を占領したことで、千島列島のラッコは絶滅の淵からよみがえったとも言えそうです（写真）。

ところがソ連崩壊後、先に述べた〝輸出〟が飛躍的に増え、いまやラッコが食べるウニも不足がちになり始めたようです。「ウニは、もはや水深二〇～三〇メートルまで潜らないと捕れない」。根室市花咲港に来るロシア人ダイバーがそうこぼすほど、水深の浅い海域のウニは枯渇してしまったようです。もちろん個体数の増加で、オスが生息域を拡大しているのかもしれませんが、詳しい調査が行われておらず、はっきりしたことはわかりません。

ウニが大好きなラッコ

ラッコが来遊した根室半島沿岸や襟裳岬では、それまで漁業者が生業としていたウニ漁が、ラッコの食害によって壊滅的打撃を受けているという現実があります。北方四島海域でのウニの枯渇が、来遊の原因のひとつになっていることは間違いないでしょう。漁業者にとっては駆除することも追い払うこともできず、実に困った野生動物になりつつあります。ただ、発想を変えるならば、これまで水族館でしか見ることができなかったラッコが、北海道東部の沿岸で観察できる環境が次第に整いつつあると言えます。

隣のパラレルワールドとどうつきあうか

境界地域の課題は、「隣のパラレルワールド」とどうつきあっていくか、ということでもあります。冒頭で根室海峡の「見えない壁」の話をしましたが、「見えない壁」の向こう側では、ある意味で「独自の生態系」がロシア人の手によって創られてきました。小説家・村上春樹さんは二〇〇九年に受賞した「エルサレム賞」の受賞スピーチで、体制を「壁」、人々を「卵」にたとえました。「もし、硬くて高い壁と、そこに叩きつけられている卵があったなら、私は常に卵の側に立つ」と。

僕は、村上さんのスピーチを日本語で読んだとき、ロシアに実効支配されている北方四島の現実がオーバーラップして見えました。つまり、北方四島が、そそりたつ「壁」のなかで営まれている独立した生態系のように思えたのです。こうした発想は、すでに村上さんの初期の作品『世界の終りとハードボイルド・ワンダーランド』に描かれています。「世界の終り」は、外輪山のような「壁」に囲まれた世界で人間が暮らし、「壁」の外と内を一角獣が行き来するという話で、「ハードボイルド・ワンダーランド」は、コンピューター技師の波瀾万丈の冒険譚として仕立て上げられています。ふたつの物語が交互に描かれ、やがてこれらのパラレルワールドがひとつの物語に集約されていきます。僕はこの作品を村上さんの最高傑作だと思っていますが、似たようなパラレルワールドが、戦後の北方四島で現実に進行しているように思えるのです。

「世界平和公園」構想

知床は二〇〇五年、国連教育科学文化機関(ユネスコ)の世界自然遺産に登録されました。知床も北方四島も流氷の世界的南限で、両者の生態系は共通しています。そこで、この世界自然遺産・知床を北方四島の東隣のウルップ島まで拡大しようという構想が、NPO法人「日露平和公園協会」(理事長、午来昌・元斜里町長)によって提唱されています。ラッコやシマフクロウなどが高密度で生息するかけがえのない生態系を維持させていく一方で、「壁」を越えた持続可能な漁業を創設し、この地域で暮らす日露両国民の暮らしを持続可能なかたちに変えていく。そういう発想でこの地域の将来像を考えていこうという、いわばグランドデザインです。

知床が世界自然遺産に登録される前に世界自然保護連合(IUCN)が、遺産にふさわしいかどうかの調査を行い、事前に「技術評価書」をユネスコと日本政府に渡しました。そこには、こういうふうに書かれています。「知床に隣接するロシアのクリル・アイランズは生態系的に同一であり、将来的にはここを世界平和公園にすることも可能」だと。当時の環境大臣は、内閣府の北方担当大臣をも兼任する小池百合子さんでした。彼女は「オブ・ロシア」という言葉に引っかかりを感じ、「この二語を削除してください」とIUCNに申し入れました。そういう経緯もあって、正式な技術評価書では二語が削られています。どちらの国のものであるかをグレーなかたちにしたのです。「日本の」とも書かず、「ロシアの」とも書かない。あえて明記しないという手法は日露の将来像を考えるうえで参考になります。

この評価書は、将来的に「世界平和公園」として広げる可能性にも言及しています。世界遺産条約は第一一条二項で、「二以上の国が主権又は管轄権を主張している領域内に存在する物件を記載することは、その紛争の当事国の権利にいかなる影響も及ぼすものではない」と定めています。世界自然遺産の範囲を択捉島まで拡張するのであれば、実効支配しているロシアは首を縦に振らないでしょうが、東隣のウルップ島も含めるなら、日露双方が折り合える可能性があります。

中学校の数学で「共通項」を習ったことがあると思います。日本政府は択捉島までを「固有の領土」と主張していますし、ロシア政府は択捉島、国後島、色丹島、歯舞群島を自分の領土として支配しています。しかし、北方四島を共通項とすると、日本もロシアも失うものはありません。双方の面子が成り立ちます。

日露間では、すでに北方四島周辺水域で日本漁船の安全操業が行われており、ロシアの主張する領海一二〜三カイリで日本漁船が操業する枠組みがあります。こうした枠組みを応用して、例えば、遊漁船やクルーズ船で島を間近に見るエコツアーがあってもいいのではないかと思います。漁業でできて、観光でできない理由はないでしょう。

世界各地の経験に学ぶ

もちろん係争地である以上、領有権をグレーなかたちにする工夫は必要でしょう。インドとバングラデシュにまたがる世界遺産・シュンドルボン(スンダルバン)は参考になります。ガンジス川が

ペルー・エクアドル国境　(ITTO 提供)

氾濫するため、国境が定まりませんが、ここには絶滅の危機に瀕しているベンガルトラが生息しています。野生動物は、人間が勝手に決めた国境とは関係なしで移動します。そこで、両政府は考えました。インドから入国した観光客はインドから出て行く、バングラデシュから入国した観光客はバングラデシュから出国する。そういうやり方で、出入国問題を解決しました。

このような知恵があれば、仮に択捉島の新空港が国際空港になっても、もうひとつの出口、つまり北海道発着の航空路線を創設することで、係争地の出入域問題を解決できる可能性が出てきます。

世界遺産ではありませんが、南米・ペルーとエクアドルにまたがるコンドル山脈は、六〇年以上も紛争が絶えない地域でした。一九九九年五月の国境画定に先立ってペルー政府は、持続可能な森林経営を目指す「サンティアゴ・コマイナ保護区」を設定、ここを共同のエコロジー・パークとし、軍や警察を常駐させないと決めました。自然環境の保全が、結果として和平にも影響したことになります。こうした手法は、日露間でも領土交渉に良い影響を及ぼすかもしれません(写真)。

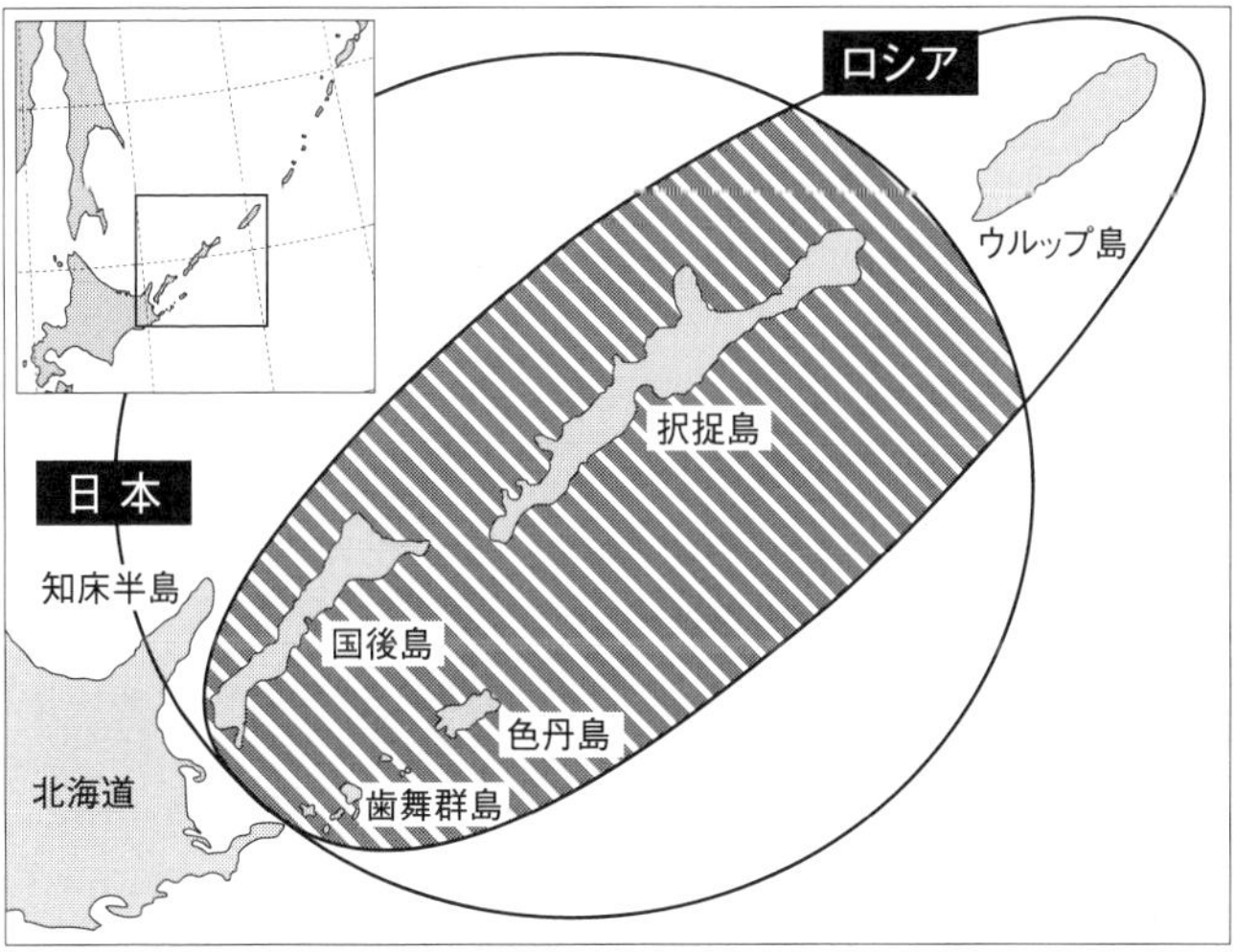

図4　(案)世界遺産知床拡大プロジェクト
(日露平和遺産公園構想)

　もし、知床からウルップ島にかけて「世界平和公園」ができたら、持続可能な漁業に向け、どういうことができるかを考えてみましょう。日本海のズワイガニがトロール船の操業によって枯渇寸前になったことがありました。このとき、ズワイガニの産卵域を保護するため、産官学がタイアップして老朽船を沈め、トロール船が操業できないようにしました。すると、この産卵域がホットスポットとなって、一二年後に資源量が六倍になりました。こうした取り組みを北方四島でやれば、枯渇寸前のカニ資源も、回復する可能性が大いにあります。ウニは種苗を育てて、この海域にまけば良いだけです。種苗技術はすでに確立しています(図4)。

　グリーンベルトは、韓国と北朝鮮を隔てる三八度線の南北に二キロずつ設けられた「非武装地帯（DMZ）」が有名ですが、最近はタンチョウやマナヅルなどの楽園としても注目されています。世界自然遺産・知床の拡張構想は、いうなれば幅の太い「グリーンベルト」のようなものです。ここを平和の海にする。そういうアプローチがあってもいいのではないでしょうか。

たった四キロのDMZでも希少鳥類の楽園になるのです。だとすれば、持続可能な漁業の将来を見据え、北方四島周辺の海域を幅の広いグリーンベルトのような資源育成型の海洋牧場にしてはいかがでしょうか。もし実現すれば、世界遺産では世界初の事例になります。それには、グランドデザインを描き、いまから実現に向けて訴えていく必要があると思います。何より、こうしたやり方であれば、元島民も「自分が行きたいときに故郷の島に戻れる」ことになります。

こうした取り組みは、他の領土問題にも応用できます。二〇一三年一月、「奄美・琉球」を世界自然遺産の暫定リストに記載することが決まりました。早ければ二〇一六年に登録になりますが、環境省は尖閣諸島を含めませんでした。仮に含めていたとすれば、尖閣問題はいま以上に激しく火花を散らしていた可能性があります。

日本人にはどうやら、ごたごたを避けたがるメンタリティがあるようです。隠岐が二〇一二年、世界ジオパークに登録しようとした際も、範囲を隠岐の島だけにとどめ、あえて竹島を含めませんでした。隣国とのあつれきを回避したということです。実は知床の場合も、北方四島と生態系が一緒だということは関係者の誰もがわかっていました。でも、「まず知床を登録してしまおう」ということになりました。世界遺産は、後になって範囲を見直すことができるシステムになっているからです。拡張は可能なのです。仮に北方領土問題がしばらく決着しなくても、隣国ロシアと共同歩調をとって、ウルップ島あたりまで自然遺産を拡張しましょう、ということになれば、それも可能です。夢の可能性はあります。

ただし、それには「啐啄同機」が不可欠です。ヒナが内側からつつく、親も外側からつつく、同時にそれが行われる必要があります。タイミングが少しでもずれれば、「早産」、あるいは「手遅れ」になります。知床拡張構想について詳しくは、『カラー版知床・北方四島——流氷が育む自然遺産』(岩波新書、二〇〇八年)をご覧ください。うまくやれば共生の未来が始まります。明けない夜はありません。

思想から見た罠

土佐弘之

岩下　最初に山﨑さんが提起してくださった絶対主権、いわゆる国家の領土としてのテリトリーの「罠」を、竹島の事例で福原さんが漁業を使って揺り動かしてくださり、いま本間さんが空のつながり、電波、そして最後には、自然環境といったパラレルなテリトリーやサブテリトリーを駆使して「罠」を乗り越える方法を提示してくださったと思います。では土佐さんに「罠」の思想的批判をお願いします。

領域的権力と脱領域的ネットワーク

今日、これまで議論されてきたことの全体像を捉えていく際に参考になるようなものを、いささか抽象度の高いかたちで提供すればいいのかなと思っています。まず、山﨑さんの領域性の話題に関係しますが、領域的権力と脱領域的権力についての議論を振り返ってみたいと思います。つまり、国家主権が領域的権力として空間を完全に支配したということなどいままで一度もない、というの

が今日の話の要諦かと思います。山﨑さんが触れた「ウェストファリア条約によって主権国家体系が誕生したというのは神話だ」という理解もいまは通説になりつつあり、確かに一六四八年に領域的主権国家が誕生したわけではないと思います。では領域的な主権がどういうかたちでその後、成立していったのかというと、最高主権にあたる権力者が樹形図に沿ったかたちで下位の臣民を領域とともに掌握しながら、そこから搾り取った税をもとに互いに戦争をしていくなかで、国家間の境界線を画定していく、数世紀にわたる長いプロセスが必要だったということでしょう。他方で、先ほどの報告の後半で出てきましたが、もともと境界地域にいる人たちはネットワークを形成していて、その脱領域的なネットワークのもとで生活してきたとすれば、ヨーロッパ近代の主権的な権力体系がネットワークにかぶさりながら、これを再編していくというプロセスが生じることになります。これが国境地域の問題として立ち現われているというのが領土問題のひとつの側面だと思います。

もうひとつの側面は、樹形図的な位階制的権力構造自体がリゾーム的ネットワークを基調とするグローバリゼーション*の進展とともに時代錯誤的なものになりつつあり、領土問題は国境を越えた相互依存関係という現実との間の矛盾を深めつつあるということだと思います。それは、代表民主主義の問題とも絡んでいます。国民の代表が国家に自らを一体化するかたちで、「領域を守ります」と宣言

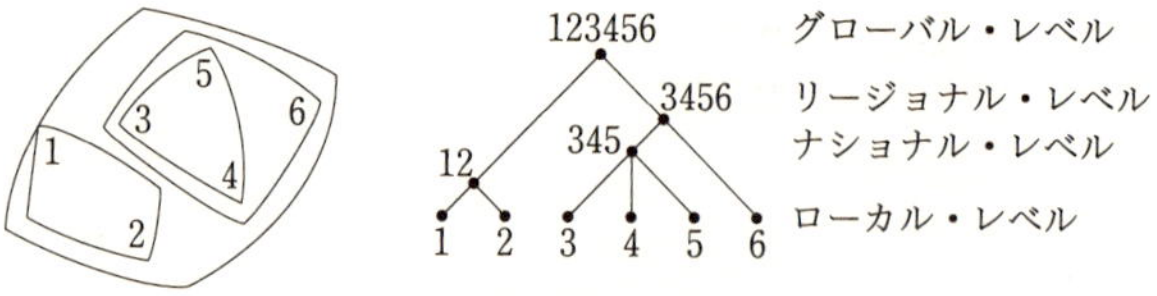

図1　非交叉型樹状(階層型)システム

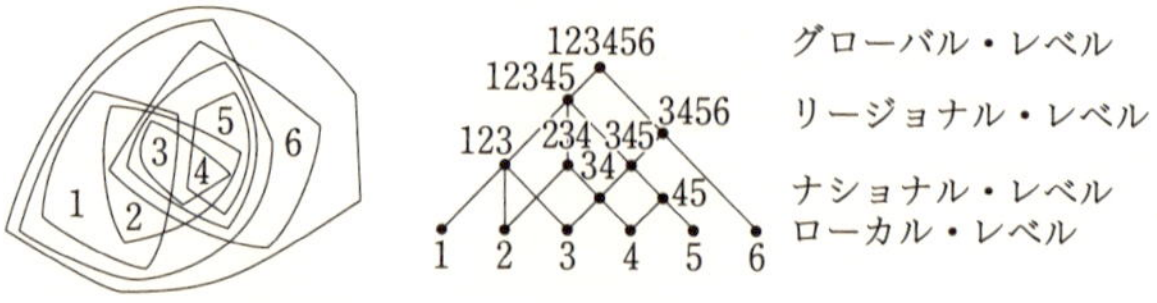

図2　交叉型網状(階層型)システム

＊　樹形図的な位階制的権力構造を図で示したのが，図1の非交叉型樹状(階層型)システムである。リゾーム的ネットワークとは図2の交叉型網状(階層型)システムである。二次元の平面におけるボーダーが複雑に絡み合うかたちになるのが，交叉型のリゾーム的ネットワークの特徴である(図は，土佐弘之『安全保障という逆説』青土社，2003年，27頁から)。リゾームとは，ドゥルーズ＝ガタリが，その著(宇野邦一ほか訳)『千のプラトー――資本主義と分裂症』(河出書房新社，1994年)において，中心化された根に対して，非中心化されたシステムを指す言葉として使用したものである。

するが、「日本を取り戻す」とか「日本を守る」ということを代表がいくら叫んでも、現場では実際には機能しなくなってきていると言えます。例えば、TPPの問題でも、結局ナショナル・エコノミーとか国民経済がもはやないという現実に立って議論をするべきです。例えば、神戸大学の雑誌には一九〇六年に創刊された『国民経済雑誌』という長い歴史をもつ雑誌があり、東大でも法学部が『国家学雑誌』という雑誌を一八八七年以来発行していますが、いずれの雑誌名も一九世紀的国家観に基づいています。つまり、国家単位で経済や政治をコントロールできるという考え方、さっきのいわゆる

territorial trapという考え方を敷衍するのですが、これは国家という区切られたなかに権力を収容できる、という考え方だと思います。権力を箱に収容できると思うからこそ、「日本を取り戻す」とか言える。日本がナンバーワンにならなければならないと言ったとしても、日本の国内市場はすでに飽和状態にあるだけではなく長いデフレ状態にあるので、トヨタは国外へと出て行く。アメリカ法人があるようにトヨタは日系多国籍企業ではあっても、トヨタの利益と日本の国益とは必ずしも一致しないわけです。つまり、脱領域的なネットワークが領域的なネットワークに対して優位になっていく状況のもとで、国家がなおもその領域的な権力グリッドをかぶせて掌握しようとする。その結果として、今日的な矛盾、特徴をもった領土問題が浮上してきている。今日の各報告が共通して指摘していることは、そのようなことではないかと思った次第です。

ジオボディの形成

次に、先に触れた領域的な権力状況は境界地域とはそもそも無縁だったという話ですが、いま問題になっている尖閣をめぐる係争についても、それは言えます。中国側が論拠として出してくる資料のひとつに明代の「籌海図編(ちゅうかいずへん)」がありますが、ここには尖閣諸島に該当すると思われる島が記されている。記されてはいるけれどもこれは単に知っているということを示しているだけです。実際に、この「籌海図編」を見てもらうとわかるかと思いますが、ここには境界はありません。境界が描かれるようになるのは、もちろん一九世紀以降、ヨーロッパの近代的地図作成の技術的知が入ってきて境界が確定されるようになって以降です。つまり、脱領域的なというかもともと境界がない空間に、領域的な権力のまなざしのもとで境界をはめ込んでいく作業が行われ、結果として境界域に近いところに生活している人々は、それに振り回されるというのが、領土問題の一側面と言えましょう。

次に、領土問題ということに関連して、興味深い地図として、『百年国恥地図』というものも挙げておきたいと思います。『百年国恥地図』というのが出てきたのは一九三〇年代、中華民国期ぐらいからと言われていますが、これが後に増刷されるのは、天安門事件以降、鄧小平の指示のもと、民主化を弾圧する一方で政治的求心力を維持するために愛国主義教育に力を入れていく時期です。いま見てもらっているのは、まさにその時期に刊行された『百年国恥地図』という冊子に所収されているもののひとつですが、この地図で赤く塗られた部分が喪失した領土とされるところです。もともと清朝の版図というのは明確にはよくわからないのですが、そこにむりやり主権的な国家体系のグリッドをはめ込んでいって、ここまではもともとは中国の領土だった、しかし、列強によってはぎ取られ、失ってしまったというかたちのストーリーが展開されています。一九七〇年代以降、先ほどの尖閣なども、中国側の領土だと主張していきます。こういった時空間の認識を視覚中心主義的に刷り込まれていく、自然に領土が自分の身体と一緒になっていくといったことが起こります。それは、ジオボディとも呼ばれています。簡単に言えば、領土と聞いた瞬間に、先ほどの話のように思考停止に陥ってしまう。地図に書かれたこういった領土がまるで自分の身体のように感じる、錯覚する。「罠」とか「病」とかいうことになりますが、自分自身が侵害されたという意識をもち、自分の身が引き裂かれたように思ってしまう。その背後には、視覚的な感覚から領土と身体を同一視していくプロセスがあると思います。このジオボディの形成は、もちろん、中国だけではなくて、日本側にも見られます。例えば、海上保安庁のものをアレンジして、新しい教科書をつくる会が作成したマップなどがまさにその例です。係争地を全部、自国の領土として描き込む。その地図を繰り返し見ることによって領土を身体化していくということがあります。さらに、例えば中国の漁船が海上保安庁の船に体当たりする映像を何回も見せられると、地図のうえにこの映像が重なり、これがあたかも自分自身の身体に危害を加えられているかのような錯覚を生み出します。福原さんが例示したインターネットのグーグルの世界です。みんなが領土問題を自分の問題として考える一方で、現地の人が漁業を平和裡に行えないということになってしまいかねないアイロニカルな状況が生まれます。

均等的な空間観と植民地主義的分割

ジオボディの形成を長期的な視点で考えてみれば、地球空間をグリッドにはめ込んで支配しようとする考え方は、ウェストファリア条約よりも前の話で、例えば一四九四年のトルデシリャス条約と一五二九年のサラゴサ条約による、スペインとポルトガルによる世界分割あたりまで遡ることができるかと思います。実際にこの通りになったかどうかは別にしても、緯度・経度等に準拠して、きれいに世界を分割するようになったかたちが、一六世紀から起こります。これが後に新大陸の分割とかアフリカの分割へとつながっていきます。つまり均質的な計測可能な空間の支配は西洋中心主義的な発展史観とセットになっているという点を、ここでは指摘しておきたいと思います。重要なのは、ある種の空間観とそれに基づく支配は、時間観、とくに西洋中心主義的な発展史観によって正当化されたという点です。

とくに新大陸やアフリカ大陸などの場合、こちらの文明の基準に照らしてみて向こうが野蛮であれば、一方的に支配するということは当然ということになりました。遅れた近代国家日本の場合も、その真似をしてアジア太平洋へと拡張していった。結果として戦争における敗北によって帝国は解体、領土も縮小したものの、日本という国家の歴史物語と領域的空間とは必ずしも完全な整合性をもって収束したわけではなく、とくに異なる時空間観、つまり異なる歴史物語に基づく領域的空間観をもっている侵略された側との間では、歴史問題だけではなく、竹島や尖閣のような領土問題が宙づりの状態で残されてしまったとも言えます。言い換えれば、いわゆる均質的な空間観に基づいた分割の論理と〈文明／野蛮〉観に基づく植民地主義的な分割の論理が東アジアにもビルトインされた結果、ジオボディの果てしない再生産が続いています。

ジオボディを乗り越える思想

ではこの流れを変えていくためにはどうしたらいいのか。例えば、西川長夫さんが言っていた

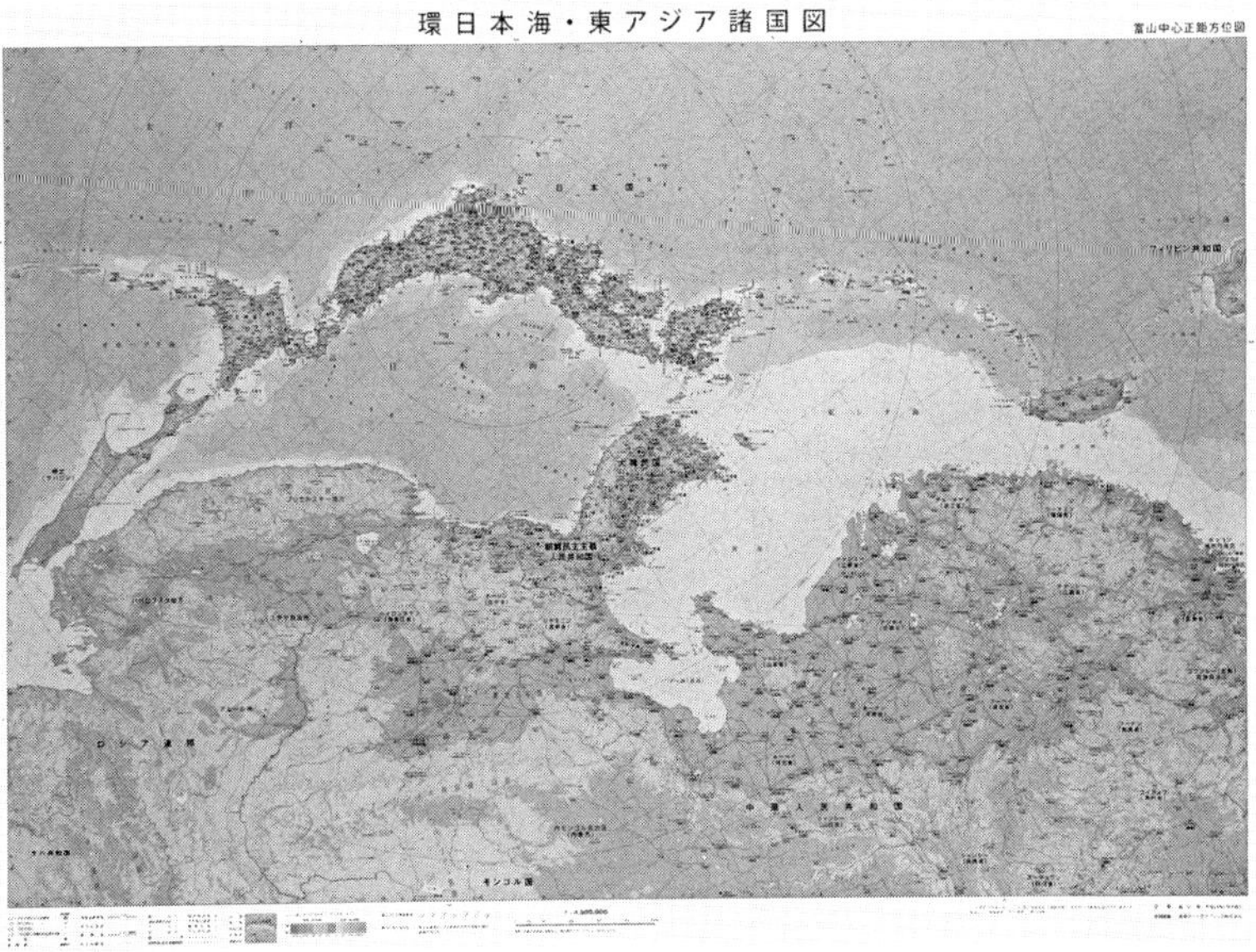

この地図は富山県が作成した地図(の一部)を転載したものである。(平24情使第238号)

テーゼで「国民国家は植民地主義の再生産装置である」というのがありますが、この構図を乗り越えていくには、境界を越えた生活圏の再評価は有益でしょう。いま、見てもらっているのは、富山県が作成した富山を中心に置いた環日本海・東アジア諸国図です。ご存知と思いますが、網野善彦は、『「日本」とは何か』(講談社、二〇〇〇年)のなかで、この地図を引用しながら、孤立した日本列島観は間違いだと指摘していました。日本海とかオホーツク海、東シナ海、黄海など内海が連続してつながっていて、その内海を対岸と共有するかたちで存在しているのが日本列島である。先ほどから問題になっている漁業資源もそうですが、ある意味でこれはコモンズを共有している地域とも捉えられるわけです。長い交流史があって、コモンズを共有している歴史があったにもかかわらず、先ほど言ったようにたかだか一世紀か二世紀の間に、領域的権力がその空間にグリッドをはめ込み再編していってしまった。本間さんの話に則せば、ここに境界をつくり出すことによって、かつてここで交流していた人たちがアンダーグラウンドな経済を構成して対応する。つまり、逆に言えば、境界によって囲い込まれてしまった地域から領域的権力のグリッドを外していって、もとにあった越境的な生活圏をベースにしたネットワークに再編していくことがひとつの方向性なのだろうと思った次第です。

最後に見てもらっているのは、沖縄の作家・詩人の高良勉さんが『琉球弧の発信――くにざかいの島々から』(御茶の水書房、一九九六年)のなかに掲げている地図(南北を逆にして沖縄を中心に描かれた地図)ですが、この地図に表出されているものは、沖縄における「非国民の思想」にも通じるものです。山﨑さんの話にも出てきた「反復帰論」を唱えていた人たちは、とくに雑誌『新沖縄文学』などを中心に活躍された人たちですが、彼らの問題提起がまさにいま問題にしたジオボディの形成にとらわれないための、もうひとつの方向性を提起しているのではないかと思います。このことについては、別のところに書いたので(「〈非国―民〉の思想の潜勢力――詩的想像力再考」西谷修編『〈復帰〉四〇年の沖縄と日本――自立の鉱脈を掘る』せりか書房、二〇一二年)、それを参考にしていただければ幸いです。

やはり沖縄の作家・詩人である川満信一さんが提唱している「非国民の思想」の真髄は、彼自身が書いた「琉球共和社会憲法・私（試）案」（『新沖縄文学』四八号、一九八一年）にかなり明確に現れています。まず、タイトルは「……国憲法」にはなっていません。「琉球共和国憲法」ではなくて「共和社会憲法」となっている意味は、国家主義にからめとられずに国家を越えていく解放の思想を志向しているということです。このことと関連して、高良さんの本に戻れば、国民国家に囲い込まれて、沖縄の場合、言語的三重苦を強いられるなか、アメリカに行ったりフィリピンに留学しながら彼が獲得した思想もまた、非国民の思想に近いものと言えます。それを文学的な表現を用い、「琉球弧から垂直に超えていく、世界から飛翔していく、ある種の国民国家に基づく空間の分節化の定義を超えていくには、詩的な想像力が必要だ」といったように、高良さんは説明しています。つまり、ジオボディの政治を超えていくには、日常的に繰り返される、例えばマスコミ等によって再生産される散文的なジオボディの論理に対する、ある種の詩的な論理が必要なのかもしれないと考えます。

第二章　「領土問題」――ジャーナリズムの責任を問う

シンポジスト　若宮啓文
本田良一
本間浩昭
司会　岩下明裕

（二〇一三年七月五日）

岩下　いまから若宮啓文さんに講演を、四〇分ほどしていただきます。ご承知の通り、若宮さんは朝日新聞の論壇の顔として長年、ご活躍されてきました。領土問題についても色々なご意見をおもちで、とくに北方領土問題と竹島問題に通じられていることはよく知られています。今日は札幌でのシンポジウムですので、北方領土問題が中心になるとは思いますが、より広い観点から、領土問題や日本の政治そのものを語っていただければと考えています。実は先ほどまで別室にてブレーンストーミングもかねて二人で議論をしておりました。そこで私が行ったいくつかの挑発についても、この場でお答えくださるものと楽しみにしております。

その後、本田良一・北海道新聞記者、本間浩昭・毎日新聞記者にも加わっていただき、座談会とする予定です。北海道のみなさんにはこのお二人の名前はおなじみかと思います。本田さんは、北方領土問題について外交交渉、地元根室の動向、日露の漁業問題など様々なレベルで数多くの興味深い報道をリードされてこられました。また昨今の新聞記者には珍しく、ひとつのテーマを長年、追いかけて、それを書籍のかたちで刊行し続ける方でもあります。北海道新聞の看板記者の一人であることに疑いはありません。もうお一方、毎日新聞の本間さんも知る人ぞ知る名物記者の一人です。本間さんがどのようなスクープをこれまでにとり、これらが社会にどのようなインパクトを与えてきたかについては、後ほどご自身の口から自己紹介もかねて語っていただく予定です。なぜこのお三方で鼎談を組織したのか、その理由についても後ほどご説明します。

それではまず領土問題について思うところを若宮さんに存分に話していただければと思います。

領土を論ずるスリルと怖さ

若宮啓文

私は二〇一三年一月に朝日新聞を退職して自由の身になり、日本国際交流センターに籍をもらいました。そのうえ、韓国のソウル大学と東西大学の客員として招かれたのを機にソウルへ赴き、西江大学で韓国語の勉強をしています。実は、三〇年ちょっと前に韓国の延世大学に一年間、留学したこともあり、特派員はやっていませんが、韓国とのつながりは続いてきました。

安倍政権の成立と竹島／独島問題

今日は領土の話をせよ、ということです。先日、領土問題そのものではないのですが、ソウル大学で初めて韓国語で講演しました。韓国ではいま、日本の右傾化に警戒心がいっぱいなので、その実状について話をしたのです。とくに参院選で自民党が勝つと憲法改正に動くのではないかという心配が強い（編注――その後、実際に自民党が参院選で大勝）。安倍内閣、安倍さんがもつ右傾化的な資質や思想は否定すべくもない事実かもしれないが、日本国民が必ずしもみな右傾化しているわけではない、と説明してきました。領土問題に即せば、竹島について声の大きい人も、自衛隊まで出せとは考えていないから、韓国も少し大人の対応をした方がいいのでは、という話をしました。

それから、安倍政権ができたのは、もちろん日本の国内要因が最大ですが、周辺国もずいぶん追い風を送ったのではないか、とも申しました。とくに韓国は二〇一二年八月に李明博（イ・ミョンバク）大統領が竹島に行った。しかも、天皇陛下に謝罪しろというようなことを言って日本を刺激した。この辺から自民党の総裁選が始まり、安倍さんが元気づいていったのではないか。そうこうしているうちに今度は尖閣諸島の国有化を機に中国で反日が燃え上がり、九月の自民党総裁選のさなかに暴動があちこちで起きた。こうしたことで、ますます安倍さんは元気になったのではないか、と。

彼が自民党の総裁になり、やがて総選挙に入ると、そのさなかに今度は北朝鮮が長距離弾道ミサイルを撃ちました。まったく周辺国が連携して安倍政権誕生に向けて三段跳びのように追い風を送ったのではないかと、私は少し挑発的に韓国の人たちに言いました。言いたかったことは、互いに刺激しあってナショナリズムの悪循環に陥ることが一番怖いという点です。翻れば、いま、安倍内閣が、というより、日本全体が気を付けなければいけないのはこの点だと思っています。

ソウル大学では私が話し終えるやいなや、真っ先に会場から質問が出ました。ソウル大学生かと思えば、外部から来ていた私ぐらいの年の人で、開口一番、「李明博大統領に独島（竹島の韓国名）行きを勧めたのは私だ」と言う（笑）。後で名刺をもらったら、独島研究院院長とかなんとかいう方で、自分の国の領土に大統領が行くのは当然であり、何も問題はないだろうと言うわけです。

そこから先がすごいのですが、「自分は独島を韓国の要塞にすべきだと思っている。あなたはどう思うか」と言うのです。これには困りましたが、「要塞にするとは、どこからこれを守るのですか」と聞き返しました。自衛隊が出ていって竹島を占領するということは安倍さんの応援団でも言わないですよね。自衛隊を出してでも尖閣を必死で守れと言う人たちはいるけれど、竹島は我が領土だから自衛隊を出せとは言わない。彼の答えはありませんでしたが、韓国では新聞社がシミュレーションをしたりします。「もし自衛隊が出てきたら、どっちが勝つか」と。もし自衛隊の方が強いとすれば、これは大変だといった記事を大新聞が書くことがあるのです。どこまで本気かわからないけど。

領土問題をめぐる空気の変化

二〇年前にベストセラーになった『ムクゲノ花ガ咲キマシタ』という小説を知っていますか。ストーリーを簡単に言うと、南北共同で極秘に核兵器の開発に成功します。一九九〇年代の話ですが、日本が憲法を改正して竹島に自衛隊を出して占領する。そのとき「ムクゲノ花ガ咲キマシタ」という、これは南北間の暗号ですが、それが交わされる。両首脳が合意しないと核は撃てないのですが、これが合意の合図で、日本に核が飛んできます。

ただ、さすがに本土にぶち込むことはしないで、日本列島を越えて、南鳥島あたりか、固有名詞はないのですが、無人島に命中し、慌てた日本政府が停戦を申し入れる。そんな荒唐無稽なストーリーです。ただ、二〇年前はただの荒唐無稽だったのですが、最近読み返してみると、ちょっと違う感じもします。南北合同はともかく、少なくとも北朝鮮はいま、核をもっているわけですよね。ミサイルもノドンとかテポドンとかが飛ぶわけですね、日本列島を越えて。

それから竹島占領は別として、日本の憲法を改正して国防軍をもとうという自民党の主張は、二〇年前と異なり、韓国から見ればリアリティーをもって受け止められています。いきなり竹島占領はないにせよ、自衛隊が出てきて紛争化すれば、国際司法裁判所(ICJ)に提訴しやすくなるから日本は自衛隊を活用するかもしれないと勘繰るのです、韓国は。

尖閣諸島の方は、もっと危険です。ちょっとしたはずみで日中間では戦闘行為が行われる可能性があります。こう考えると、日本の領土問題は昨今ずいぶん空気が変わったという感じがします。かつては、竹島も尖閣も、領土問題だと知ってはいても、これですごく燃え上がったという記憶がないからです。

日韓基本条約が一九六五年に結ばれる過程で、当事者たちはずいぶんヒートアップしていたわけですが、条約を結んでからは、いわゆる「竹島密約」があったと言われるように、互いにあまり騒がないで、韓国の実効支配が続くということでした。尖閣については、逆に日中国交正常化のときに尖閣については触れないという処理がされ、日本の支配が続くといった暗黙の合意があったはずです。これに対して騒がしかったのは、いつも日ソの北方領土問題でした。

ところが、このところ騒がしいのは尖閣と竹島で、北方領土はひょっとすると解決できるかもしれないというような軟らかいムードさえあります。安倍さんとプーチンさんがこの間も会いました*が、日本の首相はロシアを訪問できるのに、韓国も中国も訪問できないのが現状です。向こうの大統領や首脳も日本に来られない。ずいぶん世の中、変わったなということです。

冷戦からポスト冷戦へ

日本は本当に島国で、たくさんの島をもっていますが、またこれほど島をめぐる紛争を抱えた国も世界にないわけです。いま挙げた三つはもちろんですが、沖縄も返還はされたけど基地問題は相変わらずで、日米間でなかなか答えがみつからない。これも一種の領域問題に違いない。それはともかく、三つの領土問題で争いが続いているなかで、竹島や尖閣があまりヒートアップしなかったのは、やはり冷戦期にソ連という存在、いわば中韓との共通の敵があったからだと言えるでしょう。竹島については一九六五年に日韓基本条約をつくったとき、朴槿恵（パク・クネ）さんのお父さん、

*安倍・プーチン会談　二〇一三年四月、ロシアを公式訪問した安倍晋三首相とプーチン大統領の会談。日露パートナーシップの発展に関する共同声明では、あらゆる分野での二国間関係の発展を目指すことで意見が一致。とくに安全保障・防衛協力の拡大が確認され、同盟国ではないロシアと外務・防衛閣僚級協議（「２＋２」）を行うとしたことが注目された。他方で、領土問題は直接言及されず、平和条約未締結は異常な状態であり、双方に受け入れ可能な解決策の模索を加速化させると表現されたことで、評価が割れた。

朴正熙（パク・チョンヒ）さんが大統領でした。北朝鮮と対峙し、背後にソ連も中国もいるという環境のなか、日本と手をつないで経済を伸ばして北に対抗していくという戦略のもとに結んだ条約だったから、竹島についてあまり日本を刺激するようなこともしなかったのです。

尖閣もそうでしょう。一九七〇年代に日中交渉が成立し、あるいは日中平和友好条約*ができたときは、中ソ対立の激しいときです。だからこそニクソンさえ中国へ行きました。そういうなかで尖閣の争いを表に出すことには互いに何の利益もありませんでした。

逆に北方領土の方ですが、解決できなくても、日本は「四島返還だ」と言い続けることに利益がありました。日本からすれば、原則を貫くことに意味があり、解決できないことにも、ある意味で戦略的な意義がありました。アメリカは確かにそう考えたはずです。日ソで解決されたら困るわけです。ソ連への敵対感情をもち続けるためにも、「四島返還」の看板を絶対下ろしてはならなかったわけです。

いまは時代が変わりました。中国や韓国とはどうもうまくいかない。中国とは本当に難しいが、韓国まで難しくなった。韓国から見れば、いまや東アジアの問題児は北朝鮮と日本であるかのようです。朴槿恵さんは中国へ行って熱烈歓迎を受け、アメリカにも行きましたが、それぞれで日本の歴史認識を批判する。そんなような構図が生まれています。対照的に日露は関係をつくるチャンスが生まれています。

もちろん、あからさまに中国を敵視して、日露で何かということではないにせよ、ロシアから見ても、中国が大きな経済的なチャンスであると同時に、やっぱりリスクが大きい国であることも確かでしょう。そこに日本のチャンスも生まれてきていると思います。後で議論になるかもしれませんが、交渉が成立できなくとも「四島返還」の看板を掲げ対立し続けることに意味があるという時代は終わったと、私は思います。

プーチンと会う

今日はジャーナリズムとの関わりを話せと言われています。私は二〇一二年三月にモスクワへ行き、プーチンさんと会う機会がありました。これは降ってきたようなチャンスで、向こうの方から誘いがあったのです。いわゆるG8諸国のうちのロシアを除いた七カ国、アメリカ、イギリス、フランス、ドイツ、イタリア、カナダ、日本の七カ国のなかからひとつずつ有力紙の編集のトップを選んだようです。日本では朝日新聞の主筆ということで私に指名がありました。

結果的に私は行きましたが、かなり悩みました。一人の記者としては、こんな願ってもないチャンスはない。しかし、新聞社として考えたときにリスクもある。タイミングが問題です。会見した

＊ニクソン訪中(米中接近)　アメリカ大統領リチャード・ニクソンによる中華人民共和国訪問(一九七二年二月)。ニクソンは毛沢東主席や周恩来首相と会談し、米中和解を演出し、米ソ対立下のアジア冷戦を転換させた。このとき公表された米中共同コミュニケにより、アメリカは中華人民共和国を事実上承認する。中国がこれを歓迎した背景には、一九六九年の軍事衝突など中ソ対立、国境紛争の激化がある。

三月一日というのは、実は大統領選挙の投票日の三日前に当たります。彼は現職の首相だし、当選確実ではありますが、大統領選の一候補者なのです。それが世界のメディアを集めてテレビで放映する、これは明らかに選挙向けのパフォーマンスじゃないか、と。そんなものに使われていいのか、と考えました。

それから、日本の場合は、北方領土問題を問いたださざるを得ない。でも選挙のさなかです。訊いて何かちょっとでも建設的なことを言ってくれればいいけど、木で鼻をくくったようなことを言われて、はい、そうですかというわけにもいかない。わざわざ出掛けていって、ろくなことがないかもしれず、リスクが大きいと考えました。

アメリカは声をかけられた有力紙のトップが日程が合わないと言って、結局、来なかった。詳細はわかりませんが、モスクワ支局長なら出すとか、それなら来ないで結構だとか、そんなやりとりもあったようです。（アサド政権に理解を示し、欧米による強い干渉を嫌う）ロシアの姿勢がアメリカには受け入れられず、シリアをめぐる対立が深刻だったこともありましたが、おしなべてプーチンは欧米では評判が悪いです。日本ではメドヴェージェフよりプーチンの方が受けがいいのだけど、いわゆる欧米の民主主義社会では、プーチンは独裁者であり、メドヴェージェフの方がまだしもリベラルだというイメージが強い。そういうこともあり、日程調整を理由にアメリカの新聞は参加しませんでした。大国のメンツ争いかもしれません。

私も先ほど言ったようなリスクを背負ったのですが、結論的には行かない手はなかろうと判断しました。今日は毎日新聞の本間さんもいますが、朝日が断ったから、じゃあ毎日にする、と言われたりしても困るな、と(笑)。しかも相手は当選確実で、間もなく大統領に復帰する。今後のことを考えると、せっかくの話を断るわけにはいかないだろうと考えました。

「引き分け」と「始め」

後はみなさんがご存じのようなやりとりをしたわけですが、プーチンの口から「引き分け」という言葉が出てきました。それから「始め」という号令を掛けるということも言いました。どちらも柔道の用語です。私も色々と作戦を考えて質問の準備をして行ったわけですが、「引き分け」は、私がプーチンに対して、大統領に再びなった場合に、大胆な一歩を踏み出すつもりはないのかと聞いたときの答えです。彼は、自分は柔道をずっとやっているから言うのだけれども、領土問題は柔道と同じで、勝つことが大事なのではない、負けないことが大事だと。だから「引き分け」がいいと。そこは日本語で。

しかし、その後原則論を展開し、もともと日ソ共同宣言で約束したのは二島引き渡しだったみたいなことを長々と言うので、私は「引き分け」といっても、四分の二のことなら意味がないので、そこだけクギを刺しておこうと思いました。日本はずっと四島を主張しているのだから「引き分け」を求めるのなら二島ではだめですよ、と。そしたら、プーチンが大笑いしたわけです。それで、あなたも外交官ではなく、私もまだ大統領じゃないから、大統領に正式になったら「始め」の号令を掛けよう、と答えたわけです。また日本語でした。

「引き分け」「始め」について、日本では色々な解釈があるようです。まったく意味はないと言う専門家もいますし、こんなチャンスはないと絶賛する専門家もいます。外務省のＯＢも両派に分かれるのですが、私の感じでは、プーチンが、例えば三島返還でもいいと思っているというイメージまではありませんが、少なくともこの会見から受けたニュアンスでは、二島返還は当然だと考えているようです。だから、二島がロシアの交渉の出発点だという感じに聞こえました。「始め」ですから。

つまり、二島返還だけで、後はまったく話にならない、ということではないと受け止めます。その後、この間も森喜朗さんが行って、*「引き分け」というのは何だという説明を求めたところ、お互いにとって、まあまあ我慢ができる、納得ができる、そういうことだというような言い方もしています。スリリングな取材でしたが、いずれにしても、「引き分け」そして「始め」という用語が北方領土交渉のある種のキーワードになったようであり、そういう機会をもてたということは、ジャーナリズムの役割としてよかったと考えています。

竹島問題に一石を投じる

それで、竹島に戻ります。ご存じの方もおありかと思いますが、二〇〇五年に「竹島の日」を島根県がつくって日韓関係が大荒れになったとき、実はその年は日韓基本条約四〇周年で「日韓友好年」として色々プランもあった年でしたが、「竹島の日」をきっかけに関係が最悪になっちゃった。論説主幹だった私は、さすがに社説では無理でも、自分の署名コラムで一石を投じてみようと思って書いたことがあります。

要するに、日韓両方の言い分はそれぞれあって、どっちが百点という話じゃないだろう。どちらにも言い分があり、日本政府の主張にもおかしな部分があるのは間違いない。しかも韓国が実効支配しており、自衛隊が出ていくというオプションがない以上、戦争では解決できない。そうすると、ほとんど未来永劫、いまの喧嘩が続いていくのではないか。そのせいで色々なことがうまくいかない。今度もそうです。経済その他、日韓関係の基盤がおかしくなりかねない。

ですから、「竹島程度」と言うとしかられますけど、北方領土みたいに住民がいっぱいいて、漁場の豊かな島とはまったく価値が違う、国民の関心度も韓国とはまったく違うわけだから、それならいっそのこと領有の問題は譲って、その代わり漁業についてきっちり韓国から譲歩を取って、資源の開発なども一緒にやる。韓国はそれを多として、島を「友情の島」と呼ぶようにしたらどうか、

＊森・プーチン会談　二〇一三年二月、安倍晋三首相の特使としてロシアを訪問した森喜朗元首相とプーチン大統領の会談。首相の親書を手渡しし、プーチン訪日への地ならしをしたと言われている。森元首相は会談で「領土問題の最終解決には両首脳の決断が必要」と語り、プーチンの「引き分け」発言の真意を問うたとされる。これに対し、プーチンは「勝ち負けなしの解決」「(柔道にたとえ)隅の方ではなく中央で仕切り直ししよう」と答えたという。

日韓をがっちり固めたらどうか、という話を「夢想」として書いたわけです。

しっかり読んでいただければ私の意図もわかってもらえると思うし、よくぞ書いたとおっしゃる方も少なくなかった。ですが、竹島を韓国に譲り渡す「売国奴」だというレッテルを貼られ、右翼の方から攻撃されましたし、いまだにインターネットなどではひどいことを書かれることが多いわけです。

そのぐらいは、ある程度覚悟していましたし、これが唯一の方法だとも思いません。本当は共同管理ならもっといい。韓国では都合のいいところだけ取って、竹島を韓国のものだといった勇気ある若宮だ、と褒められたりします。でも私は、日本がもし譲れば、日本は懐の大きい立派な国だといって国際社会で褒められるだろうから、韓国が褒められたかったら、いま、全部支配しているのだから、半分は日本に渡すとか、共同管理にするとか言えば、あなたたちの株は上がるはずだと、そんなことを韓国で話すこともあります。これをもって二一世紀に初めて領土問題を新しいかたちで克服したという理由で、いっそ世界遺産に申請したらどうかと、これまた夢想です。これは書いたわけではありませんけど、韓国では時々、こういうことを言います。もちろん、ほとんど相手にしてくれませんが。

ジャーナリズムの役目とは

ジャーナリズムは冒険してもいいのではないか。しかし、残念ながら、全体的な印象を言えば、本来はあまりナショナリズムに覆われるべきではないにもかかわらず、領土問題に関しては画一的な立場を取りすぎるように思います。ジャーナリズムは、本来、政府の言うことにちょっとまゆにつばをつけて、それは違うのではないかということを、色々取材して立証したり主張したりする役目があるわけです。これは多くのことについてはいまもやっています。

しかし、領土問題となると、細かな戦術論で政府を批判することはあっても、そもそも日本の主張がおかしいのではないかといった批判的な立場からの検証や主張はほとんどありません。もう少しあっていいだろうと思います。だがそれをやると、様々なリアクションがあります。私の場合には、某右翼団体がなぜか大阪本社に一週間ぐらい毎日来て、「若宮、腹を切れ」とやっていた。東京本社には、私が朝日を辞める間際まで、市民団体風のハンドマイクをもった人たちがやって来て、領土だけじゃないですが、色々なことを言っていたようです。

だからというわけでもないが、何百万部もの読者をもつ新聞社としてはやりづらいことも多く、どうしても領土問題に関しては政府の足を引っ張ってはいけないといった意識が働きがちです。外交交渉で政府の足を引っ張るようなことをしない方がいいという一般論はわかりますが、過剰な自制はよくないですね。

最近、朝日新聞は尖閣、竹島、北方領土について相次いで大きな特集をやりましたが、先方の主張も紹介した客観的な記事をつくろうという努力の表れでした。ちょっと遅きに失したかなというぐらい、これまでしてこなかったことです。実際、ややこしいですからね、領土問題の検証は。歴史をひも解くのも大変な作業です。学者を頼りにすると、だいたい学者にも日本政府に近い人が多いので、取りあえずそこに依拠しておけば心配がない、となりがちです。テレビの番組を見ていると、より面白くつくろうとするせいか、威勢のいい人の声が多く紹介される傾向にあります。

実際、政府の立場に反対する人はなかなかものが言いにくい。激しい攻撃を受けますから。最近の新大久保のヘイトスピーチを出すまでもなく、この種のものはかなり日本を毒していると思うし、ジャーナリズムも本当に確信をもてば戦うはずですが、そこまでの確信はなかなかもてないし、この程度のことでうるさい連中に攻められてもかなわないなと考える傾向もあります。会社組織としてのジャーナリズムの難しさかなと思う次第です。

座談会　領土問題と向き合う

若宮啓文・本田良一・本間浩昭

北方領土に関するスクープ

岩下　では鼎談に入ります。前半はジャーナリストをキーワードとします。お三方がジャーナリストとして領土問題とどう向き合ってこられたか、領土問題に関わる様々な言説や報道のあり方などにどう関わってこられたか、これをテーマに議論を進めたいと思います。後半はそれぞれの領土問題、今日は主に北方領土についてですが、今後の動きや解決の可能性について率直な意見交換ができればと考えます。

さてジャーナリストの定義をとくにする必要はないでしょうし、そのつもりもないのですが、大きく分ければ二つのタイプがあるのではないかと思います。ひとつは論壇を舞台に、分析し発信していくタイプ。若宮さんは江戸のすしのおいしい場所にあるビルにどんと座って、自身でおっしゃったように、権力を恐れず斬り込んでこられた方と言えます。

対照的に、隣に座っている本間浩昭記者は根室に足かけ二五年住まれており、定点観測をされています。よくクビにならないな、毎日新聞の寛大さは尊敬に値するとも思うのですが、「海境ニッ

ポン」といった全国の企画等で活躍されています。北海道新聞の本田良一記者は多少、器用な方で、北方領土問題以外にもいくつか本を書かれています。とにかく本をよく書く人ですが、最近では夕刊の連載「日ロ現場史」が反響を呼んでおり、私の仕事にも大いに参考にさせていただいています。お二人は様々な新しいファクトを追求し発掘するジャーナリストのもうひとつのタイプと位置づけられます。

そこでファクト追求型のジャーナリスト、お二人にお尋ねします。まず本間さんに伺います。北方領土問題以外で本間さんは大スクープをとったことがありますね。二〇〇〇年に暴かれた「ゴッドハンド」藤村新一さんの一件です。石器を自分で埋めて自分で発掘することで、次から次へと考古学の「常識」を覆していた人ですが、彼の自作自演を暴いたのが本間さんたちの取材班でした。そんな大スクープをする人がなぜ根室に二五年もこだわって住んでいるのか、とても興味があります。北方領土に関してこれが私のスクープだというのがあればご紹介ください。これを通じて、北方領土問題のあり方を変えた、インパクトを与えたという仕事があれば教えてください。

本間　北方領土問題との関わりは、毎日新聞大阪本社での一次面接でした。「君はどこへ行きたいんだね」と尋ねられ、「根室で北方領土問題をやりたい。そのために毎日新聞を受験しました」とアピールしたのが始まりで、入社から一年九カ月半後、幸運にも実現してしまいました。

どうして根室かというと、大学を卒業してから一年余り、ミャンマーとタイの国境地域の山岳少数民族と一緒に暮らしていたことがありまして、これだけの奥地に、文明がどのように侵入し、融合していくのか、山ひとつ隔てて隣に暮らす別の少数民族とどう共存し、いざこざをどう解決しているのかなどを「現場で暮らしながら」見てきた体験が影響しています。電気もガスもテレビもない「ないもの尽くし」の山のなかで、ボーダーに潜む底なしの魅力に取り憑かれてしまいました。

せっかく新聞社に入るなら、できれば「戦後処理の最後のトゲ」と言われる北方領土問題を抱える日本のボーダー最前線で、この地域がどう変わっていくのかを定点観測したい、と考えたわけです。

北方領土問題に与えたインパクトですが、元島民の資格に関して、法律を変えさせたことがあります。「北方地域旧漁業権等特別措置法」という長ったらしい法律で、これだけではどういう法律なのかわからないと思いますが、実はこの法律に、元島民の定義が盛り込まれていました。日本がポツダム宣言を受け入れた一九四五年八月一五日から遡って半年間、継続して北方地域に住み続け

ている者を「元島民」と定義しています。そうなると、生まれて半年に満たない乳飲み子や、戦後になって四島で生まれた人、夏の間しか暮らしていない人には「元島民」の資格がない、ということになります。

現に、敗戦前に生まれながら二世扱いされている色丹島出身の女性がおりまして、その長女が「自分は二世なのか、三世なのか。二・五世では嫌」と悩んでおりまして、「これはおかしい」と直感しました。「元島民」として認知されていないと、引き揚げ者としての特別な融資や進学資金なども対象外となってしまい、様々な不利益を被ります。古本屋で元島民の名簿を入手し、生年月日を丹念に調べてみたら、そういう「法律の狭間」にいる人が、ざっと八〇〇人近くいたのです。死亡者も含めての数ですが。

＊

これを二〇〇六年五月開催の千島歯舞諸島居住者連盟の総会当日の朝刊に大きく載せました。その結果、翌年一二月に法律が改正されました。実現まで一年半というスピード改正でしたが、これで法律の狭間にいた「元島民」も法律の適用を受けられるようになり、「二世」は一世に、「三世」は二世にそれぞれ繰り上がりました。

岩下　本田さんは『密漁の海で――正史に残らない北方領土』（新訂増補版、凱風社、二〇一一年）という本で、非常に生々しい島をめぐる人々の生活を描かれました。北方領土というと四つの島を抽象的に考える方が多いのですが、本田さんはその周りの海域に関わる、ありとあらゆる話を表に引っ張り出した人で、私の近著『北方領土・竹島・尖閣、これが解決策』(朝日新書、二〇一三年)のなかでも、実は海の話は北方領土に関しては、ほとんど本田さんの仕事に依拠しています。そういう本田さんですが、これが私のスクープだみたいなものが何かありますか。

本田 本間さんと同じように、私も根室支局にいたことがあります。ジャーナリストと呼ばれるとこそばゆいところがあります。最初は民間の古河電工で二年働き、その後、北海道庁で一年働き、ようやく三つ目の職場として北海道新聞に落ち着きました。もう入社して二八年たちましたが、この仕事を続けていることが信じられないときもあります。

根室へ行った理由ですが、本間さんとは違い、私は全然、希望していませんでした。たまたま半年前に赴任された方が病気になられて、病院のある札幌に戻らなければならないので、お鉢がまわってきたわけです。一九八六年九月に根室に入り、そこで初めて私は北方領土問題の実態を知ったわけです。生まれは岩下さんと同じ熊本県で、北方領土とはほとんど関係のない地方の出身で、

＊千島歯舞諸島居住者連盟　千島及び歯舞諸島復帰懇請同盟(一九五〇年一一月設立)、千島列島居住者連盟(一九五五年五月設立)など諸団体が合流するかたちで一九五八年に社団法人として発足(二〇一三年から公益社団法人に)。北方地域元居住者(元島民)や後継者を会員とする全国で唯一の元島民の団体である。北方領土返還要求運動や問題啓発事業の他、元島民らの援護対策を推進している。本部は札幌市。

北方領土との出会いは遅いわけです。

スクープと言えるかどうかまではわかりませんが、最近、書いた記事の話をします。二〇一二年一二月二四日付で、当時のロシア外務次官クナッゼの北方領土問題解決に向けた提案をスクープしました。これは一九九二年三月に、ちょうどソ連からロシアになって三カ月たったときに、日本に対してなされたものでコーズィレフ（外相の）秘密提案*、またはクナッゼ提案として有名です。これを書いたのがクナッゼでしたので、その内容について本人から聞き取りをして報道しました。こういうかたちでの記事は初めてです。これを受けて東郷和彦さんという外務省欧亜局長までやられた方が、クナッゼの言っていることは違うと反論されて新たな証言を出されました。いずれにせよ、この記事がきっかけになって、一九九二年の秘密提案の内容がかなり明らかにされました。

この提案の詳細については、私の記事を読んでいただければと思うのですが、実はその後の二〇〇一年の森・プーチン会談でのイルクーツク声明、その声明を具体化した並行協議の提案の先駆けとも言えるもので、日露交渉の流れを見るうえで重要な契機となっています。詳しくは七月二二日から「日ロ現場史」第五部のなかで詳しくお伝えしたいと思います。

メディアにおける中央と地方

岩下　先ほど毎日新聞はいい新聞社だと言ったのですが、北海道新聞もいい会社ですね。本田さんは私より少し年上ですが、この年になると大抵、デスクです。普通は現場を離れているはずですが、編集委員として自由な立場でどこでも取材ができる環境が与えられています。本田良一を「遊ばせる」北海道新聞はすごいと思いますが、きっと社内では色々難しいこともあるかと推察します。いずれにせよ、独りで闘っているという意味では、ジャーナリストの名前に値するお二人かと確信します。

今日、若宮さんとこの二人で鼎談をつくろうと思った理由は、本間さんや本田さんのお仕事は素晴らしいのですが、これがきっかけに全国レベルでも報道され議論が広まったり、法改正に至るようなケースは極めて稀だからです。もっともっと彼らはこれまで色々なことを発掘し発信してきましたが、ほとんどが、中央まで届いてないのが実情です。本田さんの記事は北海道新聞ですから読者が道内に限られている。本間さんの記事は、扱いが良くても大抵は全道版止まりが現実です。記

＊コーズィレフ秘密提案（一九九二年）　一九九二年三月、対日関係を改善したい新生ロシアの外相コーズィレフが、訪日の際に行った、「歯舞、色丹を返還し、択捉、国後も交渉する」という旧ソ連の路線を越えた非公式提案。関係者（クナッゼと東郷和彦）の間では、どのタイミングで平和条約を結ぼうと提案していたかにつき議論が割れているが、歯舞、色丹と択捉、国後を分けて交渉し、最終的に領土問題を解決するという発想が二〇〇一年の並行協議の提案につながった。

事が「津軽海峡を越える」のは簡単ではない。

東京の記者たちも津軽海峡を越える関心は大きくありません。例えば、NHKですが、北海道の局はもちろん違いますが、東京から直接、取材が来るのはまず稀で、根室まで足を運ぶことはほとんどありません。たまに行った場合でも、「元島民、四島返還で頑張っています」の一言インタビューしか全国では流れません。これでもいい方で、普通は現地にまず来ない。交渉を追うのは熱心です。ただこれは東京でできますし、東京以外の動きには関心がもたれないようです。若宮さんを批判しているわけではありません。領土問題は交渉がどうしてもクローズアップされますので、これは仕方がない面もある。しかし、あまりにそこばかりで、現地のこと、その交渉に振り回される人々、にもかかわらずたくましく生きている人々への取材はどうしても二の次になりがちです。現場に来てファクトを追いかけている記者たちが発信する事実や地元の声が、ジャーナリズム全体でほとんど共有されていないことが、問題を難しくしていると私は確信します。

自分たちの仕事がきちんと国民に届いていない現状についてコメントをいただけませんか。

本間　「知床の裏玄関」とも呼ばれる羅臼で、スケトウダラの安全操業漁船がロシア沿岸警備隊のヘリコプターから銃撃されるという事件が二〇一〇年一月にありました。海上保安庁の取り調べに対して船長らは当初、「照明弾を撃たれただけ」と主張していたようです。「銃撃は受けていない」と。

報道各社は海保の発表をうのみにして、原稿を書きました。何しろ漁船が帰港したのは夜でした

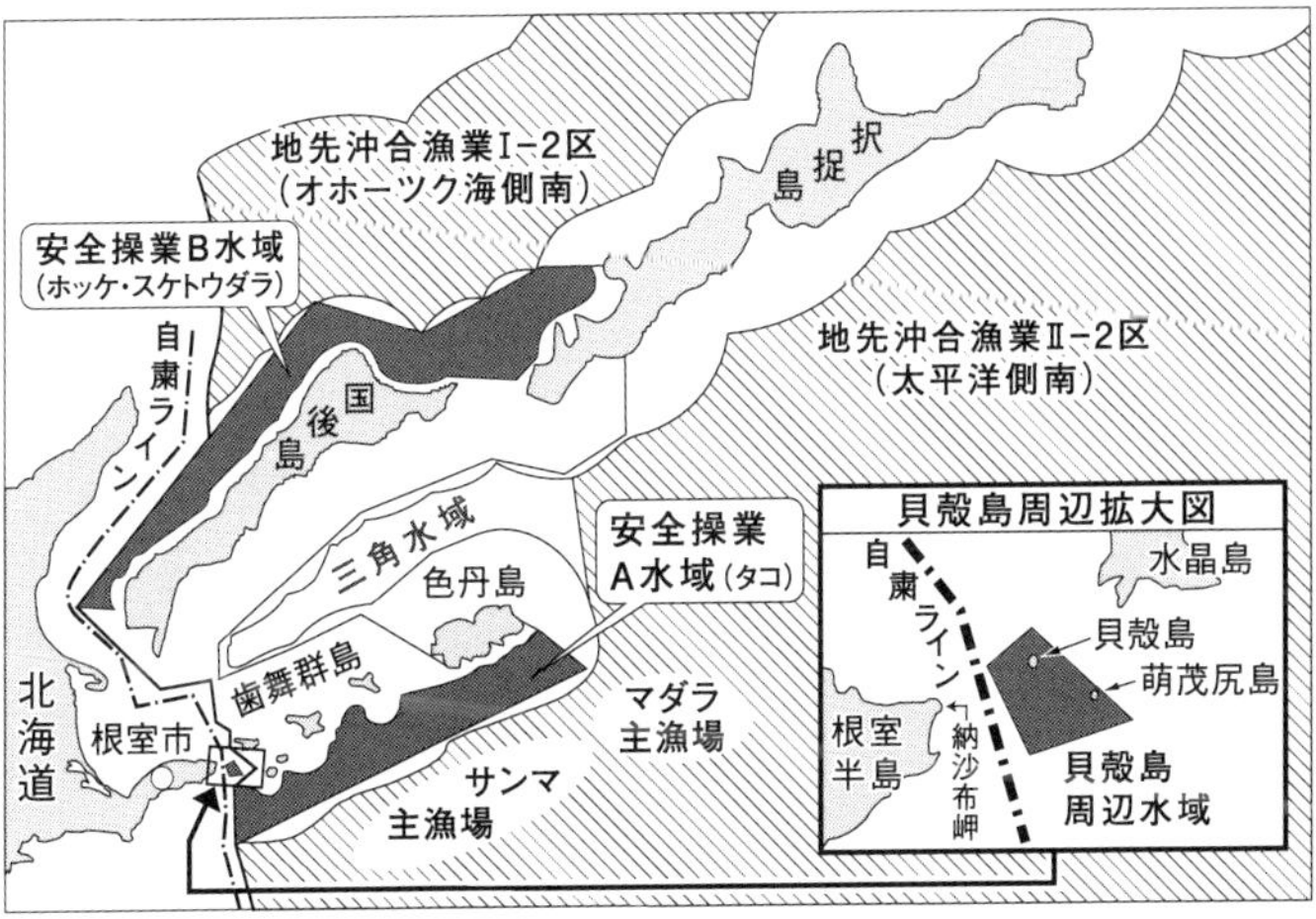

安全操業図(原図作成：根室市)

出所：岩下明裕『北方領土・竹島・尖閣，これが解決策』朝日新書，2013年，111頁。

ので、現場検証もなかなか進まない状態のようでした。僕も夜道を運転して帰りました。

ところが、船長たちの説明は真っ赤な嘘でした。船尾には撃たれた穴が無数に開いており、沿岸警備隊のヘリコプターに狙われて銃撃されたことは明らかでした。

情報を入手し、朝刊の全国版の三段で書いたら、北海道新聞が夕刊の一面トップで追いかけてきました。三段にしかすぎない僕の記事をほとんどなぞるように。これはありがたいことでした。この業界では、他社が追いかけてこない記事は、大抵の場合、誤報と認識されます。後で聞いた話ですが、捜査の指揮を執っていた第一管区海上保安本部(北海道小樽市)でさえ、僕の記事が正しいかどうか、コメントすらしなかったそうです。残りの社は丸一日遅れの朝刊でようやく書きました。

未解決の北方領土問題を抱え、日露間の特別な枠組みで一九九八年に始まった安全操業で初めて起きた銃撃事件。海保としては慎重のうえにも慎重を期して捜査を進めたかったのでしょう。

特ダネとはいえ、全国版三段というのは、それほど大きな扱いではありません。先ほど岩下先生が、記事が「津軽海峡を越える」のは簡単ではない、と言われましたが、僕らは日々そういうジレンマを抱えながら取材しています。このため、先ほどお話しした元島民の未認知問題のように、他社がまるで手を付けていないようなネタの場合、総会当日に記事をぶつけるなど、涙ぐましい努力をしたりもします。

現場の記者のスクープがどうして軽んじられるのか。やはり先ほど岩下先生が言われたように、領土交渉を追うことは熱心であっても、東京やモスクワ以外の動きにはそれほど関心がないのでしょう。たとえそれが、影響を最も受けるであろう「現地」に関わる話であっても。

そういう例をもうひとつご紹介しましょう。ゴルバチョフ大統領が一九九一年に来日したとき、あるまちおこし団体が、根室海峡の中間付近での「日ソ釣り交流」を計画しました。大統領の来日に合わせて船を仕立てて中間ラインまで行き、国後島側からも船を出してもらい、ラインをはさんで釣りをしながら交渉の行方を見守ろうではないか、という提案です。中間ライン、つまりロシアの主張する国境線の手前までなら、行くことは何ら問題ない。ラインをはさんで釣りをしている限りは双方の主権に抵触しません。もっとも、ラインの向こう側に船が流されてしまったときには、拿捕される可能性はあったでしょうが(笑)。

ちょうど大統領が東京に来た翌日で、その記事は、早版から全国版社会面トップ扱いでしたが、最終版ではすっぽり落とされました。領土交渉の本筋の記事と差し替えられてしまったのです。対照的に、他の新聞社の多くは現地・根室のイベント、つまり釣り交流の話を社会面トップで載せました。結果として、「仕掛け人」の一人でもあった僕の記事だけがばっさり落とされ、肩身の狭い思いをしたことを覚えています。ニュースは生き物ですから、記事の取捨選択はこのような残忍なかたちでもなされます。

岩下　みなさん、普通、新聞は一紙しか読まないと思います。しかし、同じ新聞のなかでも、読んでいる場所によって版が違い、当然ぎりぎりまで待てる都会の方が最新のニュースが掲載されやすい。ここで記事の差し替えが起こる。また夕刊がないところだと掲載のレイアウトや取捨選択はもっと絞られてしまう。同じ新聞を取っていても伝えられる情報はかなり違います。どの記事をどの面に、どのくらいの扱いで載せるか、というのは記事を書いた記者が決めているのではない、ということです。

北海道新聞も似たようなものです。何も知らない人は、「北海道新聞さん」と単数で語りますが、このなかでも地方によって早版と遅版とかで微妙にタイトルが変わっており、全道版に載るのはハードルが高い。毎日新聞と違うのは、全道版より上がないということで、いい記事は他社から追っかけてもらわなければ知られないし、知られたとしてもそれが北海道新聞のスクープだと知られることはまずありません。編集委員の立場から見て、いかがでしょうか、本田さん。

本田　北海道新聞は、こと領土問題に関しては地元の問題ということで扱いがいいです。とくに根室、釧路は丁寧にやっています。今日のセミナーも明日の全道版の朝刊に載ると思うのですが、ここには根室支局からも記者が来ていて詳報を数回に分けて根室の人たちに届ける予定です。これは根室支局長の判断です。

岩下　毎日新聞はまだ本間さんが頑張っているからいいのですが、根室には朝日新聞や読売新聞の記者もいます。もっともっと活躍いただいて、根室の現実の声を全国紙レベルにも届けてほしいと思うのですが、なかなかそうはいかないようです。若宮さん、何とかならないものでしょうか。

若宮　このお二人はやはりすごいと思います。新聞記者はジャーナリストとして、それなりの気概はもちろんもっていますが、やはり会社の一員という側面もあります。人事は希望がある程度、通ることもありますが、みんなの希望を通すわけにはいかない。しかも、二、三年で交代ですから、本間さんのような「わがまま」は朝日新聞では通らないです。これは良い悪いではなく、普通はそうではないか。これは、毎日新聞の良いところでしょう。それに根室にいる全国紙の記者がどう考えているかはわかりませんが、本間さんのような人がいると、これはなかなか対抗できないので、違う方向で勝負しようと思うのではないでしょうか。本間さんはずっといるわけだから、本間さんがいなくなれば、変わるかもしれませんが(笑)。

メディアの違いとリスクを嫌う風潮

本間　先ほどはマイナスの話ばかりしたような気がしますが、最近はインターネット型の発信というのもあります。例えば「北方領土」と「本間浩昭」というふたつの言葉を入れて登録すると、記事を全部拾ってくれるようなアラート機能もあります。ネットで記事を読んで、感想や批判などのフィードバックが来ることがあります。そういう意味では、全国版に載る載らないではなく、読者でなくても、北海道以外の方でも情報がつかめる時代になりました。これをプラスに考えたいと思います。

岩下　ただ、いまの話、ちょっと難しい。媒体の性格を考えなければなりません。ネットは自分からつかもうとする人にはいいですが、ぼうっとしている人には伝わらない。一方的に伝える媒体であるテレビのインパクトの大きさはここにあります。こっちが取りに行くのだったら色々なことができるのですけど、受け身の人々には伝わらない。新聞もテレビほどではないけれども、受動的で、毎朝ただ開いて見るだけで飛び込んでくるから。やはり新聞に掲載される意味は大きい。ただ最近は若い人はそもそも新聞も取っていませんが(笑)。

なぜこういうことを言うかというと、領土問題はナショナリズムにすごく関わるものだからです。自分から情報を取りに行って、一方的な議論を自分で相対化できる人はまだまだ少数です。受動的な国民多数がどういう情報を受け取っているかという点を検討しなければなりません。受動的なかたちでの影響力は、圧倒的にテレビ、とくにＮＨＫ、次に新聞でしょう。領土問題に普段ほとんど関心をもたない人たちが、事件をめぐる報道や解説で右に行ったり左に行ったりします。もちろん、これは領土問題に関わる報道だけではありませんが、とくに領土問題は「私たちの領土が……」とシンプルにやられるとすーっと入っていきやすい。この部分に対する大きな責任はやはりテレビと新聞にあると思うので、これをしつこく言い続けているわけです。

最近、尖閣をめぐる議論のなかで「領土ナショナリズム」という言葉が使われます。岡田充という共同通信の方が出した本のタイトルにもありますが、彼はこうまとめています。つまり、領土という排他的で絶対的な言葉をもち出した瞬間に、みんながそれに対して反論ができなくなる構造がある。まっとうな主張をする新聞の論説で、尖閣についても外務省の一方的な主張だけではなく、様々な考え方や主張があることを考えろというようなものが出されるときでも、「領土を守ることが我が国の死活的かつ重要な国益であることは言うまでもない」というような前提あるいはエクスキュースが必ず入る、と。「固有」かどうかはともかく、「北方領土は我が国の領土」「竹島は日本の領土」「尖閣は日本の領土」、このフレーズの魔力を逃れることは難しいというのが岡田さんの主張の要諦です。

そこで考えるのは、このフレーズを使うことでジャーナリストは自らの身を守っているところもあるのだろうと思うわけです。若宮さんのお話を伺っていて、竹島に関する「夢想」の話でも、朝日の看板を背負っているから、あそこまでが限界。もしフリーだったらもっと踏み込んでいたと思われるわけです。そこで若宮さんに伺いたいのは、でもそうやって十分に考えてぎりぎりまで発言している人はどのくらいいるのでしょうか。若宮さんは考え抜いて発言されているのでしょうが、論壇でご活躍の他のジャーナリストや記者は本当に考えてこのフレーズを使っているのでしょうか。

若宮　嫌な質問ですね(笑)。ソウルからわざわざ来て、こんなにいじめられるのか(笑)。このご両人のように、この問題に命を懸けるというのは言い過ぎかもしれませんが、少なくとも記者生命を懸けてというのはハードルが高いものです。さっきも言ったように、組織のなかで普通はやはり自分の置かれた立場も考えますから。

それに、記者が覚悟しても上司の判断がある。この記事を通したデスクは誰だとなるでしょう。デスクが通しても、この日の編集局長室の当番は誰だとなります。そうすると、すべての人に確信がもてるかどうかという問いが生まれる。書いた記者は確信をもっていても、それを載せる責任者が覚悟をもてるか。リスク管理の問題も当然あるわけです。

それがまったくないと、主観的なものばかり載るわけだから、管理すること自体は悪いと言えない。僕の場合は論説主幹でしたから、管理する人がいなかったからやりやすかった。ただ、いまの空気だと止める人もいたかもしれませんね。

僕が最近、危惧するのは、おしなべてリスクを取ることを嫌う風潮です。この程度にしておけば、文句も来ないだろう、と収めてしまう。その方が安全だとなる。これが全体的な傾向だと思うのです。ジャーナリズムに物足りなさを感じる人が増えていると私も思います。このぐらいで勘弁して(笑)。

忘れられる過去

岩下　今日の掛け合いですが、若宮さんは「売国奴」と言われ、私は産経新聞に「国賊」と糾弾されているので、「国賊」と「売国奴」の掛け合いという画期的な場になっています(笑)。しかし、「国賊」としては、毒にも薬にもならないような甘いものは見たくないです。ジャーナリズムはそうではないだろうと。

ではお二人に攻撃の矛先を変えます。ファクトに対するこだわり、そしてそれをもとにどうやって世の中を変えていこうとされているか、スピリットについてはよくわかりました。では、そこまで色々なことを調べられ地道にやられてきて、ジャーナリストについての発信をお願いしたいものです。これがお二人とは違うタイプのジャーナリストである若宮さんに今日、来ていただいた下心でもありますので。

本田さん、本間さん、北方領土問題というのを長年、見ていて、ご自身のスクープや取材はここでは別として、これが一番重要だった、大事な事件だったとか、これこそが北方領土問題をあるいは動かすきっかけだったはずだといったイベントはありますか。あるいは逆に、これがあったからだめになったというものでも結構です。ご自身が観察者として、一番、肝に銘じたことは何ですか。

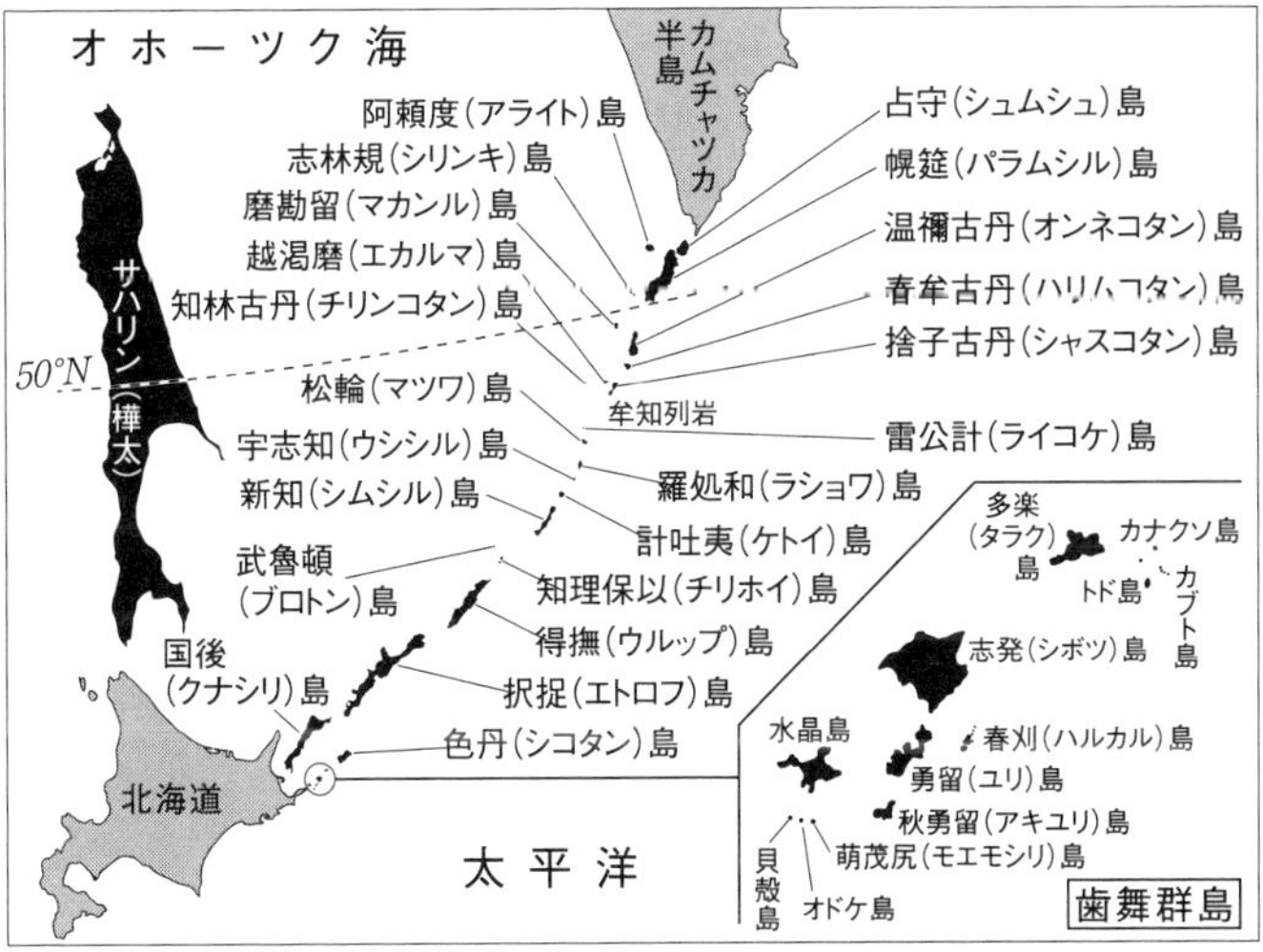

クリル(千島)全図

出所：岩下明裕『北方領土・竹島・尖閣，これが解決策』朝日新書，2013年，69頁。

本田　いま、夕刊に「日ロ現場史」を連載していて、第四部では領土問題の経緯をずっと冷戦崩壊まで追ってきました。今度第五部では続きを書きますが、私もそれをやりながら思ったのは、国はやはり自分たちに不利な論拠を隠してきたという点です。

　知っている人はよく知っているはずですが、かつて日本政府は二島引き渡しでソ連と平和条約を結ぼうと思っていました。途中でアメリカの思惑や国内の反対派にこれを止められて、途中から「四島返還」になってしまった。サンフランシスコ平和条約が一九五一年九月に調印されて、その一カ月後、一九五一年一〇月の平和条約の批准国会のとき、外務省の西村熊雄条約局長が、サンフランシスコ平和条約で放棄した千島列島に北千島と南千島は入っているのかと聞かれて、両方とも入ると答えています。南千島とは国後、択捉のことです。だから国後、択捉もこれに入ると答えている。ところが五年後ですかね、一九五六年の二月に、実はそれは入らないんだというふうに政府見解が変更されるわけです。それから四島でずっときていたわけですね。

いま、根室は返還運動の原点と言われ、「四島返還」を一貫して言ってきたと思われがちですが、実はそうではありません。最初の頃は本当に「四島」を主張していたのですが、途中でやはり海が使えない、利用できないことを深刻に受け止め、取りあえず「二島」で平和条約を結ぼうとする立場が強くなりました。安全操業できるように漁業に関する条約を結びたいということが理由で「二島返還」に変わったんです。

ただ「二島」では国後、択捉は返ってこない。だから国後、択捉、とくに国後島周辺の水域を漁場にしている羅臼や標津は根室に反対してあくまで「四島」と言います。しかし結局は、根室管内の統一要求として、「二島返還」で平和条約締結、残り二島は継続協議または国際会議で決着するという方向性で統一できたのです。しかし冷戦構造がますます硬くなり、ソ連がもう領土問題など存在しないとか言い出したので、さすがの根室も方針転換して「四島返還」になりました。

問題は、この経緯を根室の人たちもよく知らなかったことにあります。昔は「二島」でいいと言っていたということです。本音では「二島でも返ってほしい」と多くの人が思っていますが、これは昔に戻ったということに過ぎません。こう考えるならば、別の視界が開けるでしょう。

構図を言えば、昔、地元が「二島」で決着したいと言っていたとき、国が「四島じゃないとだめだ」と言ったわけです。それで「四島」になった。しかし、本音はずっと「二島」という主張があり、国がだめだと言い続けている。同じ構図が続いているに過ぎません。事実関係を正確に知ること、経過を知ること、途中でみながわからなくなってしまったことを、あらためて経過を含めて知ることが最も必要ではないかと考えます。加えて、そのときの時代背景を、時代の雰囲気を押さえておくことも重要でしょう。私がいま、書いている連載ではなるべく細かい事実を書き込むとともに、時代の雰囲気を伝えたいということで、これを象徴するようなエピソードをなるべく入れています。

岩下 何でみんな簡単に忘れてしまうのですか。これをやっていた人は生きているわけでしょう。みんなわざと忘れるのですか。それとも知っていて知らない顔をしているのですか。本当に忘れているのでしょうか。外務省の人なども、昔は「二島」でやっていたくせに、最初から「四島返還」であったかのような、誰でもわかる嘘を平気でつくようなロシア大使あがりの方もおられますよね。そこまでひどくないにせよ、どうしてみな忘れてしまうのですか。

本田 地元の根室の人たちで言えば、やはり忘れてしまうとしか言いようがないです。一〇年たち、二〇年たつと忘れてしまう(笑)。本当にそうです。昔の根室新聞を引っ張り出してきて、こういう記事がありますがと訊ねると、ああ、そうだったとなるわけです。昔はこうでした。「二島」でいいからと統一見解をつくったときには、「二島返還」で平和条約を結べと。それができなければ国が補償をしろと要求をしていました。ところが途中で根室が「四島返還」に変わったものですから、本来は補償を要求しなければならないのだけど、根室が「四島返還」になったので自分たちが国に対して補償を要求する根拠がなくなったわけです。

それともうひとつ、国について言えば、わざと知らんぷりしている人たちがいます。昔は「二島でいい」と言っていたけど、途中で主張が変わったと言いましたよね。では西村条約局長の発言は何だったのですか、国会で発言したのは何ですか、と訊くと、いや、あれは間違ったのだというわけです(笑)。間違ったと言われても、という感じですけど。

一部の人は本当に知りません。というのも、今回、昔の話を調べていてよくわかりましたが、要するに、役所はどこもそうですが、次から次へと担当者が代わるわけです。すると昔の経緯は書類に残っていますが、書類に書かれていないことはわからない。なぜこうなったのかがよくわからないのです。だから前の話がうまく伝わっていない。途中で変質してしまいます。おそらく領土交渉をやるとき、こっちは忘れていても向こう(ロシア)は覚えていることが往々にしてあります。その辺で食い違いが出てくる。

岩下　メディアにも責任があるのではないですか。

本田　そうですね。やっぱり私たちも国の主張にだまされないよう、過去の経緯をきちんと勉強しなければなりません。これは本当にそう思う、反省しています。

「邪道」の魅力と「炎上」覚悟

本間　北方領土問題をめぐる象徴的な言葉として記憶しているのは、外務省の偉い方の発言です。「いまはロシアが大変なときだから、攻めるべきではない」と。一九九〇年代の前半でしたでしょうか。ところがそれから一〇年もたつと、ロシアは原油バブルで勢いを取り戻しました。すると、「いまはロシアが強いから、攻めるべきではない」と(笑)。表現は正確ではありませんが、そういうニュアンスの発言を別の官僚がするのです。じゃあ、お前ら、いつ攻めるのか、と怒鳴りたくなりました。「物を忘れる」というのは役人のお家芸なのかもしれません。あるいは担当者が代わることによって、風化してしまうという象徴的な例ではないかと思います。

我が家にはカウンターバーがあって、ロシア人もたまにカクテルを飲みに来たりするのですが、ロシア人はウォツカに何かを混ぜることを好みません。ちょっといたずらをしたことがあります。ウォツカにコーヒー豆を入れて一、二日置くと、豆のエキスが抽出されて、琥珀色をしたお酒ができます。瓶ごと冷凍庫に突っ込んでおくと、それ以上抽出されないので味が落ち着きます。これを小さなグラスにたっぷり注いでロシア人に出しました。すると、「これはうまい」と絶賛するのです。

種明かしをしました。「旨い。でも邪道だ」と。でも、思い込みを外れたところに邪道の魅力があるのです。彼らは酒好きですから、酔っ払ってくると、つい本音も口をついてきます(笑)。ある夜、ほどほどに酔ったロシア人が言いました。「日本はなぜあのとき一気に攻めなかったのか」。色丹島の沖を震源とする一九九四年の北海道東方沖地震が起きてしばらくした頃、確か一九九七年頃の話です。ソ連という大国が一九九一年の暮れに解体し、資本主義経済へと移行する過程で経済が混乱し、インフレと腐敗の大変な時期でした。「何でおまえらは攻めなかったのか。一気に全部取れたのではないか」。真顔でそう言うのです。別のロシア人からもそれから何度、同じような言葉を聞いたことか。日本は領土奪還の絶好のチャンスを逃した、とロシア人が言うのです。「どうして金で買わなかったのか」とまで言うロシア人もいました。

ところが最近は、そんなことも言わなくなりました。「前に言った話は取り消してくれ」と(笑)。なんでも自由にしゃべれた時代もあったが、「いまはそうではない」のだと。オランダの全権大使まで務めた元外交官の東郷和彦さんは『北方領土交渉秘録——失われた五度の機会』(新潮社、二〇〇七年)という本を書きましたが、彼がこの本を出す前の年、僕は「記者の目」という署名記事で「少なくとも三回チャンスがあった」と書きました。結構、反響のあった記事です。若宮さんみたいに「夢想」のかたちであえて冒険しなくても、普通の記事でもやれることもあるのではないかと思います。

若宮　(笑)。

本間　いや、(若宮さんに)笑っていただいたのはありがたいのですが、「炎上」覚悟で果敢に主張する「若宮魂」を否定しているわけではありません。「炎上」覚悟に記事を書くということは、かなりしんどい作業だと思います。私は以前、『エゾシカを食卓へ——ヨーロッパに学ぶシカ類の有効活用』(丸善プラネット、一九九八年)という本を書きました。「シカを食べることで絶対数を減らし、低脂肪と鉄分の多い肉を食べれば生活習慣病対策にもなる、現に欧米人はとっくの昔から食べていて高級食材になっている」と同じ「記者の目」欄でアピールしたわけです。いまでこそ「エゾシカ食」は浸透しつつありますが、当時は「自然保護おばさん」から抗議の電話で大変な目に遭いました。朝から晩までずっと電話が鳴りっ放しで、下手をすると二、三時間、電話を切ってくれません。「かわいいバンビちゃんを食べるなんて」と。ディズニー映画の影響力はたいしたものです。

いまで言えば、「炎上」に当たるものだと思いますが、これに追われると、日常業務がほとんど手に付かなくなる。それが一週間も続きました。そういうことを考えていくと、本当にジャーナリストが自らの言葉でどこまで発信すべきなのか、考えてしまいます。裏を返せば、若宮さんも同じようなことを考えている人に発言させることだってできたはずです。でも、おそらく若宮さんほど過激なことを言う人は他にいなかったので、仕方なくご自身で書かれたのでしょうね。すみません、勝手なことを言いまして(笑)。

若宮 あえて言えば、あれは面白い経験でした。ただ、いまの雰囲気と当時では違う。少なくとも竹島について言えば、あの頃はいまほどひどくなかったです、世間が。だから、ぎりぎりこのぐらいならいいかなと、その範囲で書けました。右翼も来ましたけれども、そんなにたくさんは来ませんでした。予想の範囲ぐらいです。激励の手紙もたくさん来ました。ただ、むしろ、本間さんも言ったけど、後から尾を引いて、何かにつけて「竹島をやると言った若宮」みたいな常套句にされてしまったから、これはいやらしいと感じるようになりました。

僕は楽天的だから、あまり気にしませんでしたが、難しかったのは、やはり会社という枠組みにいたことです。いまはフリーというか個人商売だから、自分で責任を取ればいいのですが、当時は違います。何かあれば組織の問題になるし、会社は僕を守る義務もある。警備に迷惑をかけるし、外部の取材は必ず広報を通して対応するように言われます。私も色々週刊誌などに叩かれましたが、広報を通すとなると広報はそれに一生懸命、対応しなければならない。社内にはそれを快く思わない人もいるでしょう。文句を言われたわけではないが、販売的に問題が生じることもある。会社にいると、どうしても自己規制せざるを得ない部分はあると思います。

フロアからのコメント

岩下　さて北方領土の今後に入りましょう。これはフロアのコメントも聞いてからやりたいと思います。メディア関係者の方からお願いします。

フロア　テレビ局でディレクターをやっています。先日、北方領土に関する番組をつくりました。色丹島のロシア人の生活をテーマとしました。先ほど本間さんが、ロシア人は一九九〇年代に面白いことを言っていたのに、最近はまた硬くなってきているとおっしゃいました。過去のインタビューの記録を見ても私も同じ印象をもちます。

他方で、東北の大震災以後、雰囲気がまた変わってきたところもあるように思います。震災を見て、島を日本に渡してもいいのではないかと主張するロシア人もいましたね。そこで今後、ロシア人の意見がまた変わっていくことがあるのか、あるとすればどういうかたちでありうるのか、伺いたいです。

岩下　質問にはパネリストの方に後で答えてもらいますが、私がとくにＮＨＫを始め、放送局に言いたいのは、毒にも薬にもならない番組をつくらないでほしいということです（笑）。最近は少し毒のある番組も出てきているので、ぜひその方向を強めていただければありがたいです。

フロア　ＨＢＣ（北海道放送）の者です。私はかつてアナウンサーで、スポーツ担当でしたので、北方領土問題と関わることがこれまでほとんどありませんでした。現在は、番組やＣＭの考査を担当していますが、最近、北方領土に関するＣＭがありました。内閣府がこういうＣＭを出したいと全国の放送局に提案したのですが、これに対してノーと言ったのが、実は北海道のうちと沖縄の複数の局だけでした。沖縄は尖閣問題があるからノーとしたようです。

そのＣＭ案には「北方領土はいま、ロシアに不法占拠されています」という文言が入っていました。これがロシアをすごく刺激する文言であるのは明らかです。この文言をわざわざ入れることで、また前のように交渉が頓挫し、返還が遠のくのではないかと思われますし、ナショナリズムを過剰に刺激すると、問題解決が遠のく一方という気がしました。

内閣府がなぜこれをいま、進めるのか、外務省もなぜこれを許すのか、不思議です。確かにホームページには、外務省もこの文言を書いていますが、メドヴェージェフ大統領の頃、日本の首相や外相などが「不法占拠」を強調して、交渉の機運が途切れたのは、ついこの間のことでした。いま、交渉がまた動きそうになっているなかで、あえてこういう動きをするというのは矛盾を感じる気がした次第です。

フロア　日本は島を返してくれとよく言いますが、本当に「二島」が返ってきたときに具体的にどうするのだろうというのが質問です。つまり、向こうに財産があります、民営の財産、島民がもっている財産。これをこちらがただで受け取るわけにはいかないでしょう。すると、なにがしかの譲渡費用を出すのでしょうか。さらに「二島」が日本領になれば、そして元島民が住むようになれば色々な手当てが必要になります。これらをすべて勘案して、それでも「二島」が返ってきてほしいとみなさん、おっしゃっているのでしょうか。そこまで考えた交渉が必要だと私は思うのです。むしろ、代わりに共同利用でもやった方がよっぽど双方にメリットがあるように見えます。マスコミの方にもぜひそのような観点からの記事作りをよろしくお願いします。

フロア　みなさんご自身の解決策を教えてください。人の意見を伝えるのではなく、ご自身の考え方を一言でいいので、お願います。

フロア　領土問題を解決するには首脳会談は必要でしょうが、ロシアと日本の国民の間の信頼と友好の構築がより重要だと思います。マスコミ、テレビ、新聞などは国民の意見を形成する役割があります。みなさんは国民間の信頼関係をつくるために具体的に何をしていますか。領土問題の話以外でです。

フロア 本田さんと本間さんにお尋ねしたいことがあります。私は東京でずっとメディアの仕事をしており、お二人とは逆の立場にいますので、ぜひ北海道で取材されているお二人に伺いたい。二〇年、あるいはもう少し長い目で見た場合、みなさんから見て、東京に北方領土問題を解決しようという気が本当にあると思えるかということです。さらに、この二十数年のなかで、いまはどのぐらいだと位置づけられますか。例えば、かつてはもっと強い意志があったけれど、いまはそうでもないといった度合いの違いです。東京ではなく、政府という言い方でも構いません。あるいは政府を取り巻く、もう少し大きな政治やメディアや論壇等を含めて、あるいはアカデミズムを含めても構いません。みなさんの方から、いま、東京は北方領土の問題解決についてどのぐらい熱意があるか、あるいは動こうとしているか、動いているか、見える姿を教えてください。

フロア 尖閣諸島の国有化についてお尋ねします。昨年九月に国有化したことがきっかけで、中国であれだけの暴動が起きました。しかし、日本政府が国有化しようとしまいと、仮に民有地のままであったにしても、日本政府の立場は、尖閣諸島は「日本古来の固有の領土である」、そして実効支配しているという事実は変わらなかったと思います。では、なぜ民有地と国有地で、中国の態度があれほど激しく変わったのでしょうか。私にはこれがよくわかりません。

北方領土問題の解決策

本田 どうすればいいのかということに答えます。これは個人的な意見ですが、やはり二島プラスアルファしかないと思います。色丹と歯舞を返してもらって、あとどれくらい返してもらうか。アルファの大きさは色々あるでしょうし、島だけではなく海の利用の話もあると思います。

なぜそう思うかというと、これは『朝日新聞』二〇一三年四月二五日付け、大野正美さんのスクープですが、ソ連末期、ゴルバチョフ時代にシンクタンクに対して、北方領土の法的地位についての分析が依頼されています。その記録が初めて出てきたのですが、歯舞、色丹については日本に論拠があり、国後、択捉についてはソ連に論拠があるという自己評価でした。その記録を出してくれたのはペレストロイカ期に改革派でもあったミュラソンという国際法学者で、いまエストニアにいるのですが、うちのモスクワ駐在記者が取材に行きました。それによれば、もし国際司法裁判所に提訴したら、歯舞、色丹は九〇％日本の勝ち、国後、択捉は六〇〜七〇％がソ連の勝ちというのが結論だったとのことです。

実際、サンフランシスコ平和条約の草案作りの過程でも、日本に残るのは最初は「四島」だったのが、途中で「二島」になり「ゼロ」になったり、色々変わった経緯があります。当時のGHQ外交局長のシーボルト、連合国対日理事会のアメリカ代表ですが、彼が草案に対して、やはり日本に「四島」引き渡すべきと国務省に打診したこともあります。ちなみにシーボルトの奥さんは英国人と日本人のハーフ、つまりシーボルトの義理のお母さんは日本人になります。

そのとき国務省が法律顧問にこれを訊きました。答えは、歯舞、色丹は北海道であり、国後、択捉は千島列島の一部だということで、国後と択捉は放棄した千島列島の一部とされたわけです。その後、色々な経緯があり、結局、日本が放棄した千島列島の範囲とか、定義とか、放棄先、つまり新たな帰属先などは、平和条約に書かれませんでしたが、くしくも一九四九年のアメリカの分析と一九九〇年から一九九一年にかけたソ連の分析が一致しているわけです。

日本政府は放棄した千島列島に国後、択捉は入らないと言いますが、先ほどの西村条約局長の発言と矛盾しています。また当時の吉田茂全権代表はサンフランシスコ会議に出席した際、国後、択捉のことを南千島と発言しています。当時は誰もがこれを南千島と言っていました。南千島が放棄した千島列島ではないというのはあまり説得的ではありません。北方領土という言葉が一九六四年以降にできたものだというのは今日、よく知られています。

こう複合的に見ていくと、どう考えても、国後、択捉について日本政府の論拠は、日本政府が言っているほどに強くない。そうすると、精々、二島プラスアルファが解決の一番妥当な線だと思います。二島だけではこの数十年何をやっていたのかという話になりますから、プラスアルファがどれくらいかが最終的なせめぎ合いでしょう。この二島プラスアルファは、そもそもクナッゼ提案、つまりコーズィレフ秘密提案の核でもあり、その後二〇〇一年に出てくる並行協議も、この点を含んでいます。経緯を知れば知るほど、二島プラスアルファではないでしょうか。

東京のやる気については、私も東京をベースに取材していないのでわからないですが、地元の期待はかなり高いです。というのも、これまで散々裏切られ裏切られて、もうだめだ、これが最後のチャンスだという思いが元島民とか根室の人たちにあるからです。

先ほどＨＢＣの方が、「不法占拠」どうのこうのをなぜわざわざこういう時期に出すのだとおっしゃいました。これは私も同意見ですが、要するに、内閣府は返還運動をやっている団体を総括する立場です。ですから予算が付いたらそれをどんどんやる。予算は一年前に付いているわけです。もっと言えば、その前の夏に原案ができて、それに基づいている。ですから、いまの外交関係は関係ないのです。考慮しないのです。役所だから、ただ消化していく。

しかし、これをやると、ロシアは、何だ、やっていることと言っていることが違うと不信感をもちます。これまでも同様のことが多々ありましたから、これは非常に危険です。ですから、本当にどこかで領土問題を解決しようと妥協しようと思えば、返還運動の方向性を変えなければならない。しかし、返還運動そのものは、数十年かけて外務省が先頭に立ってやってきたものでもある。外務省も一緒に旗を振ってやってきたわけです。

全国各地、一九八七年の島根県で最後の県民会議ができました。島根が最後になったのは、なぜ北方領土だ、竹島をやらずになぜ北方領土だけだ、と知事が反対したからでして、結局、島根だけは竹島・北方領土返還要求県民会議という名前になって加わりました。こういう返還運動のあり方も変えなければならないのですが、言い出しっぺで旗を振っていた外務省はそれを言えないわけです。ここでまた泥沼に陥っています。

結局、私が心配しているのは、最終的に妥協的な結論が出た場合に、返還運動を手弁当でやっていた人たちが怒り出すのではないかということです。元島民は涙をのんで納得します。生活があって、自分の島に思いはあっても妥協しなければ解決しないというのを彼らはよくわかっています。わかっていないのは東京の人たちと、この種の返還運動を手弁当で一生懸命やっていた人たちではないでしょうか。これが最終的なネックになると思います。結局は政治がどう主導権を握って動くかです。外務省ではありません。外務省ばかり批判されますが、彼らは官僚ですから、自分たちで現状を変えるのは難しいです。だから、政治家がいかにこの主導権を握っていくかがポイントだと思います。

岩下 いまの本田さんのオピニオンが北海道新聞に載る日を楽しみにしております(笑)。

日本外交の問題点

本間 最初のテレビ局の方のご質問ですが、水族館の水槽にたとえてみましょう。アクリルガラスを通して魚が泳いでいる姿が見えます。魚にも人間の顔が見えています。でも、指を近づけても、叩いても、魚は微動だにしてくれません。餌と勘違いして食いつこうとする池のコイとは違って、水族館の魚はまるで反応してくれないのです。そこへあるとき、大量の餌が上から降ってきた。どうなりますか。色丹島の現状はこのようなものです。隣に住んでいる日本人とつきあい始めたものの、経済的な面での交流は一向に盛んにならない。そういうもどかしさのようなものが反作用として働いているように思います。その気になっているうちに、「次の手を打つ」という戦略が日本政府になかったのでしょう。

返還後の備えですが、一九九九年に日露関係や領土問題に関わる民間の学者・専門家からなる「北方領土復帰問題研究会」（議長、杉山茂雄・法政大学名誉教授）が、返還後のロシア人をどう処遇するかについての提言「北方四島復帰に伴う諸問題――主として露系住民の処遇について」を発表しています。永住権、帰国を希望する場合の支援、免許や資格、年金、保険、教育、言語がどうなるかなど二五項目にわたっています。ところが、それを四島の住民に示そうとしてビザなし訪問団がもっていくと、行政府に没収されてしまいます。そういうわけで、このような素案があること自体、四島の方々にはほとんど知られていません。でも、これはもう一度試してみる必要はあると思います。

長い目で見てどうかという話ですが、日本の外交、とくに対露外交は、ある意味で「風待ち外交」と言えます。風が吹いているときはがんばるけれど、風が吹いていないと途端に足を止めてしまう。やるべきことはたくさんあるのに、しっかり休んでしまう。だから次に風が吹いたときに、「あれをやってなかった」「これをやってなかった」とあたふたするのです。そんなふうに見えます。ゴールを設定し、その実現のために遡って周到にやるべきことを積み重ねるような「バックキャストの外交」に変えていく必要があるでしょう。

日露関係で一度だけ、バックキャストの外交が展開されたことがあります。ロシアのクラスノヤルスクでエリツィン大統領と橋本龍太郎首相（いずれも当時）が会談した一九九七年、「西暦二〇〇〇年までに平和条約を締結するよう、お互いに全力を尽くす」という合意がなされました。すると、日本漁船による「安全操業(枠組み操業)」が実現(一九九八年)し、元島民らによる簡素な渡航の枠組みである「自由訪問」も始まりました(一九九九年)。逆に、サハリンには在ユジノサハリンスク日本総領事館が置かれた(二〇〇一年)ことも記憶にとどめておく必要があるでしょう。建前としてサハリンは「国際法上は帰属未定」と主張しながらも、ロシアの主権下にあることを実質的に認めてしまったのです。ゴールの年限を明確にすると、それに間に合わせるように、ものごとが動き始める。そこにはプラスの動きもマイナスの動きもあるのです。

バックキャストの可能性として、知床の世界自然遺産拡張構想を『カラー版知床・北方四島――流氷が育む自然遺産』(岩波新書、二〇〇八年)で提唱しましたが、こうした手法で、世界自然遺産・知床の範囲をロシアと協力して拡張し、持続可能な漁業を模索するなど、ロシアと手を携えてできることを着実に進めていくのが良いと思います。

尖閣の国有化

若宮 尖閣について答えます。まず、なぜ国有化しなければならなかったか。私も国有化なしで済ませられれば、その方がよかったと思うし、結果として最悪のことになったと考えます。当時、朝日新聞は国有化を率先して伝えたし、社説も、やむを得ないぐらいのことは書いたような気がします。痛恨事ですが、私自身もそうでした。

実は、石原都知事が都で買うと言い出した直後、私は「座標軸」というコラムで石原さんをかなりこっぴどく批判しました。そのとき、都が買うくらいなら国有化という方法もあろうと書いたのです。島の所有者は経済的事情があったから売りたかったわけです。都が買う自由はあるわけですが、それには手続き的に国が許可しなければならない部分がある。仮に東京都が買うと、石原さんは灯台を造る、港を造ると好き放題言っているわけで、そうなる恐れが多分にありました。では、国がストップをかければいいのかと言うと、石原さんがまた言いたい放題に、国が邪魔したと言って煽り立てると思いました。

当時の彼は、まだ総理大臣になる夢も捨てていなかったと思います。そういう政治的野望と相まって、国が都の購入を妨げれば、いいようにそれを政治的に使ったのではないかと思います。そうならば、国が穏やかに管理する方がいいかもしれない。私もそう思ったのです。もっとも、それは「中国に十分な理解を得た上でのこと」だと書きましたが、結局、理解はなかったわけです。

後から考えると、中国は政府と石原知事が裏でタッグを組んでいたと見たわけです。都の購入を妨げればいいのに、これを機として国が買う。国が買うと、民有地と言っていたのが国有になり、現状を日本が固定化し、強化することになると考えたのでしょう。あの頃、野田首相はそれほど踏み込まなかったが、自民党政権になったらどうか。石原さんと同じようなことを言っている人がたくさんいたわけですから。

石原さんのご子息も自民党の総裁選に出ました。彼が一番穏やかな方で、安倍さんとか石破さんは尖閣には国の施設を造るなどと張り切って主張していましたから、中国から見れば国有化したときに管理のレベルが上がるのに加え、自民党政権ができて安倍さんや石破さんが首相になったら、何かをするのではないかと考えたのでしょう。

不幸なのは、結果として石原さんの挑発に見事に日中両政府が乗ってしまったことでしょう。かつての日中国交正常化以来、石原さんにくすぶっていた怨念が、ここにきて一気に噴き出た。ここで実ったと見ています。日中関係は最悪になった。

ところで岩下さんは、私が北方領土問題を楽観的に見ていると思われているようですが、私も実はなかなか難しいと考えています。でも、久しぶりに明るい面が出てきているのは確かでしょう。

まずプーチンは、解決できるものならそうしたいと本気で思っていると考えます。森さんが会ったときにも話をしたようですけど、中国とは自分がけりをつけたとしきりに言うわけですよ。ご存じのように「フィフティ・フィフティ」です。だからといって必ずしも日本とも「フィフティ・フィフティ」でと言っているわけではありません。しかし、彼もリスクを取っているわけで、自分がやっている間であれば何かできる、というのはあると思います。

プーチンは森さんに、日露で何かやろうとすると日本は右翼がうるさいだろう、という話をしたそうです。ロシアもそうだから、と言っているのです。発言の節々から、何らかのやる気が見えるし、安倍政権が参院選で勝って、あと三年は続く条件ができるとすれば、向こうも交渉に本気になりやすいでしょう。安倍さんも、日中、日韓がだめなだけに、あわよくば日朝を何とかしたいかもしれないけれども、もし日露で何かできれば大きな成果になるという意識もある。

副総理の麻生さんも、ちょっと軽い人ですが(笑)、面積二等分みたいなことも総理の頃に言ったこともあります。吉田茂の孫というのも意味がある。吉田茂は一九五〇年代に鳩山一郎さんの「二島返還」をストップさせた人です。これは明らかに政局がらみで、鳩山にだけはこれをやらせないというものでした。もちろんアメリカのダレス国務長官が恫喝したのも効いていましたが、それと結託するように鳩山さんにプレッシャーをかけたのは吉田さんです。保守合同したばかりだったので、吉田らの旧自由党系が反対すればこれは通りませんから。日ソ交渉に出掛ける直前に自民党の総務会で、「四島」という枠をはめたわけです。*

麻生さんは自分でも言います、自分は吉田のじいさんの孫だと。安倍さんは岸さんの孫ですが、岸さんは鳩山政権の頃の自民党幹事長です。岸さんはむろんソ連が好きではなかったけれども、鳩山政権の軸にいたから、調整役などもやっていました。

こういうゆかりのある人たちがいま、政権の中枢にいるとすれば、民主党がやるよりはやりやすいだろうと踏みます。これをまとめるときに、やっぱり右の勢力がその気になってまとめないとまとまりませんから、その意味ではいまの政権はベストではないか。ただし最近、官邸の前には毎日のように街宣車が来て、「安倍は民主党政権と同じじゃないか」と声を上げているようです。領土とか歴史認識で後退しているというわけです。安倍さんが「四島をあきらめます」と言った途端に、こういう右翼が騒ぐでしょう。結論を言えば、容易ではないけれども、いくつかの条件が整っていったときに、ひょっとすればという予感もあるということです。

私も本田さんがおっしゃったように、二島プラスアルファしかないと思います。一時期は二島さえ返還が危ないような空気だったのですが、さすがにプーチンは二島は認めているわけですし、何らかのプラスアルファをつける用意はあると思います。ただしプラスアルファが何なのかはわかりません。わかりませんが、私はできることなら三島が欲しいです。面積二等分というのは無理でしょう。四島が取れればいいですよ。だけど四島が無理だというときに、面積二等分だと択捉まで入りますから、島のなかに国境をつくらなければならなくなる。それから国後水道の航行を阻害されたくないというのは強いと思う。

もちろん二島なら取れるという話ではないけれど、三島なら面積的にはロシアは勝ったという格好もとれるし、実際、三島取れれば相当なことではないでしょうか。若宮は三島でいいと言ったと騒がれるかもしれませんが、もう怖くないですから(笑)。

＊一九五〇年代の政局と対ソ交渉　ソ連が調印しなかったサンフランシスコ平和条約(一九五一年)は自由党吉田茂内閣のもとで結ばれたが、吉田は一九五四年一二月に総辞職し民主党の鳩山一郎にその座を譲る。その鳩山が重視したのが共産圏、とくにソ連との国交回復であり、これは吉田の反ソ、対米従属の姿勢に真っ向から対立した。鳩山に対する国民の支持は大きかったが、民主党の政権基盤は弱く、一九五五年に社会党の右派と左派が合同して日本社会党をつくるなど革新勢力の伸長を恐れた保守勢力が政権安定化をはかり、同年、旧自由党が民主党と合同し自由民主党が結成される。これによって吉田陣営が巻き返し、二島返還による平和条約締結の道が閉ざされていった。

岩下　反論はしたくないですが、三島返還のシミュレーションをかつてした私が、今度の本では三島より後退させた提案をしているので、そのことに触れておきます。今回は本音です。シミュレーションはしてみせましたが、三島というのはなかなか厳しいものがあり、落としどころとしては現実的ではないように思っていたからです。前が「国賊」と言われたから、今度は何と言われるのか楽しみです。産経もＮＨＫも悪口ばかり書いているので、メディアから総攻撃をされるかなと思っていますが、ここに来てくださっている方が私の真意を理解していただければ嬉しい限りです。

若宮　ちょっと一言。交渉事だから、三に落とすためには、例えば、やっぱり四とか三・五とか言っておく必要があるというのは一般的にありますよね。政府はそうだけど、メディアにも実はそれがあって、社説で、「四島は当然だが」と前置きをつけるのは、それに類したところもあるわけです。つまり、一応そう言っておくというエクスキュースもあるが、譲り合ってきたときに、「断固か」というと、そうでもないでしょう。スタートラインの設定に過ぎないという面もあります。だから、私も三島を取れるとまでは思っていないけれども、取れればいいなと言いたいわけです(笑)。

岩下　いまの話は、二人が考えていることは実はあまり変わらないということですね(笑)。

本間　最後に、果たして「島の数だけで論じていいのか」ということをあらためて問題提起しておきたいと思います。先ほど本田さんが言われたように、漁業のこともあるだろうし、ほかにも自然環境の保全、日露の混住のあり方など、島の数だけでは済まない重要な問題がたくさんあります。

いま必要なのは、「どういう引き分けのかたちがいいか」ということをお互い真剣に考えることではないでしょうか。そういう検討の場が必要だと思います。その意味では、メディアが「北方領土、引き分けのかたちコンテスト」みたいなのをやっても良いと思います。ロシア側にも呼びかけて、日露両国民が「引き分けのかたち」を真剣に考える機会をつくるべき時期だと思います。（拍手）

政府方針ではないものが出てきてもいい。どんなかたちでもいいから、「この問題」が国民の目に触れるようなかたちで議論していく。おそらくこういう役割がメディアに求められているのではないでしょうか。（拍手）

第三章　歴史を時代に即して理解する

和田春樹
（聞き手　岩下明裕）
（二〇一三年五月九日）

安倍・プーチン首脳会談

岩下　和田先生の場合は何よりも北方領土からお尋ねすべきかと思います。歴史的な経緯を順番に訊いていくのもいいですが、今日は逆にいまの方から遡るかたちで伺いたいと思います。色々新しい動きもあるようですので、そのあたりから。

二〇一三年四月、安倍首相とプーチン大統領の首脳会談がモスクワでありました。一般的には何か前向きなことがあるかのような報道がされましたが、先生もそう思いますか。もちろん、首脳同士が会って個人的な関係をつくるのは大事ですが、それ以上に領土問題について新しい動きがあるのでしょうか。

和田　安倍さんにとっては外交で成功する、あるいは成功しそうだという印象をつくり出すことが大事で、ロシアとの間でそういう印象をつくり出すことには成功したように見えます。しかし、内実を見ると日本側には新しく領土交渉をやるための準備がまったくないと思います。いままでの考え方を再検討して、どういうふうに新しく備えるかということについては何もないでしょう。二島引き渡しを軸にしたイルクーツク声明ではだめだ、やはり四島一括の主権確認を、という話に戻ってから、その後は変わっていない。もっとも安倍さんの顧問は谷内さんなので、谷内*さんが何かを考えてはいるでしょう。しかし、これが安倍さんのところにまで上がって練られたような形跡はありませんから、いまのところは、次官会議をやっても先には進まないということだと思います。

岩下　プーチンと安倍さんが会談後に行った共同記者会見はご覧になりましたか？

和田　プーチンは非常に前向きだ前向きだと言われていましたが、領土問題についてはあまり話したがらないというか、積極的なことを言わないようにしているような感じがしました。

岩下　私が見ているといきなりプーチンの方から口火を切って長くしゃべって、何か安倍さんの顔色も良くなくてお疲れなのかもしれませんけど、反応があまり生き生きとしていなかったような気がしましたけど。

和田　安倍さん自身に準備がないということでしょう。

イルクーツク会談再評価の危うさ

岩下　先ほどイルクーツク会談の話に触れられましたが、北海道ではイルクーツク会談がこのところ人気です。私のところにもよく取材があるのですが、みなイルクーツクに戻れば日露の交渉がすぐにうまくいくような先入観にとらわれているように見えます。日本側がこれをだめにした、ロシアはやる気があったとする議論があるのですが、これは本当でしょうか。イルクーツクで歯舞、色

＊谷内さん（谷内正太郎）　谷内正太郎は二〇〇五年から〇八年まで外務次官を務め、第一次安倍政権下の麻生太郎外相が提唱した「自由と繁栄の弧」（価値観外交）の推進者として知られる。毎日新聞（二〇〇九年四月一七日付）などで、北方領土について「個人的には三・五島返還でもいい」と述べるなど、四島返還に固執しない立場を表明し、北方領土問題解決の柔軟なアイデアが期待されている。第二次安倍政権で新設された日本版ＮＳＣ（国家安全保障局）のトップに任命。

丹の引き渡し交渉と国後、択捉の帰属をめぐる交渉を並行して行おうという、いわゆる「2＋2」方式は、そのまま進めていたら、成功する可能性があったのでしょうか。

和田　いや、ロシア側は二島でしょう。とにかくロシア側は一九五六年の共同宣言を基礎にしてやりたいということです。それに対して日本側は四島一括で国境を画定すれば、すぐに返さなくてもいいという川奈提案を出して、それが拒絶されましたね。そこで日本側としては一九五六年に戻って交渉を進めるとした。ロシアにとっては、一九五六年ということは、議論、交渉はしますけど、基本的には二島止まりということです。ここに矛盾があったのですが、ともかくも一九五六年を基礎に交渉しましょうという点にイルクーツク合意の意味があったのです。だから、イルクーツク方式を動かせば、四島が返ってくるというのは、まったくの幻想です。

岩下　イルクーツクの重要性を強調するのは、これに関わった政治家や外交官です。川奈もそうでしょうが、自分がやった仕事の評価はどうしても自分に都合良く解釈されませんか。

和田　誰でも自分がやった交渉は大事に思っています。それはおそらくそうでしょう。とくに東郷和彦さんのチームはその後ひどく叩かれて追放されたから、余計に弁護的になります。弁護的になるときの問題は、どうしても四島を目指していたことを強調しないといけなくなるということです。

しかし、明らかにイルクーツクで東郷さんが提案を出したときは、最終的には四島でなくなるかもしれないことをご自身も覚悟していたはずです。彼が対外文化協会で話をした際、ある元大使が彼に詰め寄って満座のなかで激論したとき、東郷さんが口にしたのは、要するに、ロシア側が最終的にどうしても無理だと言ってくる可能性がある、そのときにどうするかは大きい問題だという言葉でした。これは明らかに四島にならないかもしれないという示唆です。しかし何かをつかめば四島でなくてもいいではないかというのが含意でしょう。

だけどそれを言ったら、「二島」で裏切った、「国賊」だという話になるから、事後的にはイルクーツクは四島への道だと言わざるを得なかったのだと思います。

岩下　僕はもう四島を言うのはやめたらと思うのですが。

和田　東郷さんもいまは四島は無理だと言っているようです。

岩下　「イルクーツクに戻れ」と最近言われることが時々あるのですが、イルクーツクからとは二島から始めるのだ、四島は無理なのだというのを踏まえて進めないと、また変な幻想が生まれるのではないかと危惧します。

和田　それはそうですね。おっしゃる通りです。

コーズィレフ秘密提案の当事者の証言

岩下　イルクーツクとの関係で、本田良一さんがスクープを取りました。一九九二年のコーズィレフ秘密提案というものです（本書第二章一〇二頁参照）。これをつくったクナッツゼ外務次官のインタビューです。クナッツゼは提案が、平和条約を結んで歯舞、色丹を引き渡し、国後、択捉を継続交渉するものだったと明言しました。当事者の証言は初めてですね。これに対して、東郷さんが産経新聞やTBSでこの説明は違う、歯舞、色丹は平和条約締結前に解決するという内容だったと反論し、クナッゼは日ソ共同宣言に書いてないことを自分が言うはずもない、と再反論しました。どう先生は見ます？

和田　あれは結局のところ、提案が外務省には記録としては明瞭に残ってないという説がある。そこで残ってないのは問題だと考えている人たちがいた。これが東郷さんのグループですな。彼らが何らかのかたちでそれを資料に残すべく努力したのでしょう。ただ東郷さんは、あのときワシントンにいて日本にいなかったから、関係していないのですが。資料的な面で言うと、私が聞いたところでは非常に最初からあいまいなものだった。だから東郷さんの言い方は、少し明解に過ぎると僕は思っています。

ペレストロイカ期ソ連のシミュレーション

岩下　どちらにしてもコーズィレフ秘密提案が明らかになって、色々なシグナルがあったことがはっきり出たというのは、いいことですね。ところで、朝日新聞の大野正美さんがスクープされた記事（本書第二章一二四頁参照）をどう思われますか。ペレストロイカ期にゴルバチョフの指示で国家と法研究所の国際法研究者たちが、北方領土の法的根拠をもとに争ったらどうなるかをシミュレーションした内容ですが、歯舞、色丹は日本が勝ち、択捉、国後はロシアが勝つというものです。

和田　その記事について言えば、まっとう過ぎるぐらいまっとうでしょう。つまり一九五六年（共同宣言）があれば、歯舞、色丹を渡すのは義務だという立場を取りますから。プーチンがイルクーツクで、その前夜のＮＨＫインタビューであれほどはっきり認めたのは、当然こういう話が基礎になっていると思います。普通に考えれば、共同宣言は両議会が批准しており、条約に準じるものですからね。それを踏まえれば、択捉、国後は問題にならないが、色丹、歯舞は自分たちの義務となる。まともな法律的な議論を踏まえた、正当な議論と彼らは思うでしょうから。

岩下　こう考えると、ペレストロイカのシミュレーションがあり、コーズィレフ秘密提案があり、これがイルクーツクにつながる。日本側はしばしば流れを整理できていないのですが、キャッチボールがあって交渉のプロセスが続いてきたということですね。

和田　それはそうですよ。だから僕は四島を提案した川奈提案から、二島を基礎としたイルクーツクに移っていく過程は、完全にキャッチボールが成立していたのだと見ます。その意味では、イルクーツクを重視しなければならない。

岩下　そういう筋がきちんとみんなに、とくに政策をつくっている人たちに共有されれば、もう少し柔軟な考え方ができるということですね。

和田　そう思います。

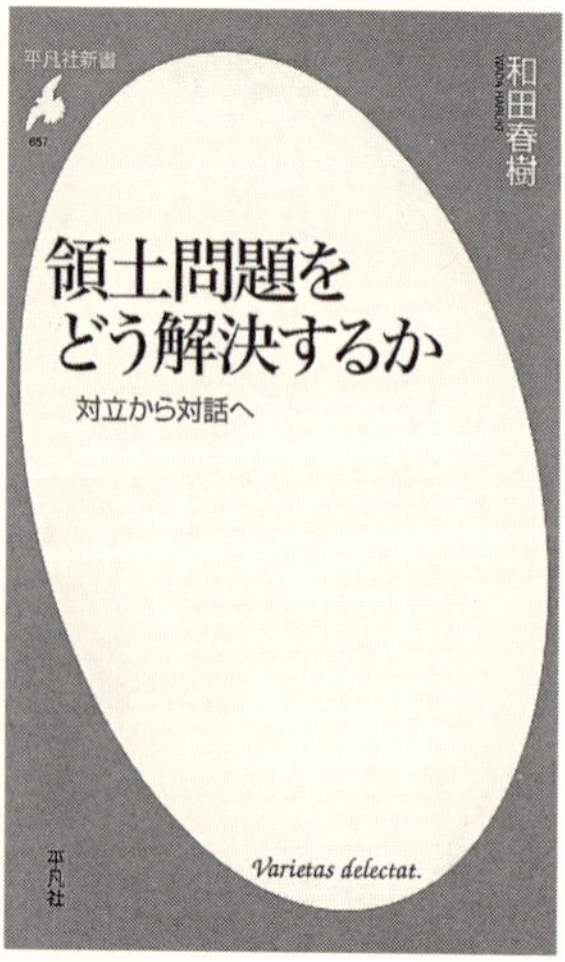

日ソ平和条約交渉と訓令一六号

岩下　それで歴史を戻っていきますが、訓令一六号に触れないわけにはいきません。一九五五年に最初に日ソ平和条約交渉が始まったときに、日本側には三つの案があった。第一に南樺太と千島列島全部の返還を要求し、だめなら第二に南樺太をあきらめ全千島、その次がなんと色丹と歯舞の二島だけ要求するという三段構えだったというものです。しかも、ロシアが第三の要求、つまり色丹と歯舞の二島を返すと言ったらすぐに条約を結ぶようにと書いてあったと。この訓令は久保田正明『クレムリンへの使節——北方領土交渉一九五五～一九八三』（文藝春秋、一九八三年）で引かれています。要するに、日本は択捉、国後を最初要求していなかった、色丹、歯舞で条約を結ぶつもりだったというのが肝です。

和田　訓令一六号については私も新書（『領土問題をどう解決するか——対立から対話へ』平凡社新書、二〇一二年）のなかで書きましたが、重光葵外相の甥の重光晶さん、ロンドン大使館員で交渉に加わった人が、ある時期に外務省で領土問題の調査をして調書をつくったことがあると、僕らが訪問したときに話をしてくれたことがありました。最近になってそのときのメモが出てきたんですよ。メモを見ると久保田さんの整理している訓令一六号と、文章は少し違っていますが、中身は同じです。重光さんがそこで読み上げたのを記憶で書き留めたものですが。みんなメモを取らないということにしたから、私がメモを取ったのはルール違反だと同席した研究仲間に怒られました。しかし、チャンスと思って取ったメモが出てきたので、もう少し、これを掘り下げてみようと思います。いずれにせよ、重光さんの発言は久保田さんが言ったことを完全に裏付けています。ですから、一六号の存在を私は疑っていません。

千島（クリル）列島をめぐる認識のずれ

岩下　北海道ローカルのＮＨＫ特番で「秘蔵映像が語る北方領土」（ＮＨＫ北海道、二〇一二年一月二七日放映）という素晴らしい番組があります。ＮＨＫ札幌の人たちがサハリンに乗り込んで、一九五〇年代から八〇年代までに流された映像フィルムを入手して番組をつくりました。私はこの解説を頼まれたので、立ち会って全部見ました。すごいコレクションです。この映像フィルムの数々が見事に千島（クリル）列島のなかで択捉、国後を分けていないのです。よく考えれば当たり前かもしれませんが、フィルムを見るとあらためてこの意味を認識します。これが彼らの記憶なのですね。二〇〇五年に「パスポートなし・ビザなし」で択捉島を訪問したとき、交流集会に参加した年配のおばあさんが、クリルをひとつに捉えていて、占守（シュムシュ）でのロシア人の戦闘のことをアピールしたことがあります。この島は「我々が血を流して解放したのだ」と。参加している日本人は意味がさっぱりわかりません。「誰から何を解放したのか」と。それ以上に、北方領土の話をしているのに、どうして占守が出てくるのだと、きょとんとした感じ。いまの日本人の認識が四島のみで切断されているからでしょう。向こうにとってはこれがつながっているのですよ。

和田　それはそうでしょうね。

岩下　ただし、色丹だけは映像に国境警備隊が銃をもって海を見ているシーンとか、子供たちに銃をもたせているシーンとかプロパガンダ映像が入っています。でも択捉、国後にはこれがない。ロシア側から見てクリルは切れていないのです。択捉、国後も一体になって含まれている。しかし、色丹は違うと。その裏返しで、日本側も当時は、この一六号に象徴されるように、択捉、国後は千島(クリル)から切れてないですね。

和田　そうです。

岩下　つまり、択捉と得撫(ウルップ)の間に線があるという意識は、ソ連にも日本にも、最初に交渉を始めた頃は互いにもっていなかったのではないでしょうか。少なくともオフィシャルなレベルでは。

和田　その通りですね。千島列島はひとつだったのですよ。

岩下　だから、日本は一九五六年の共同宣言の後から、四島を切り離してこれを言説化していくのですが、そこがロシア側とはいまでも認識が合わないままなのだろうと思います。

和田　そうです。

岩下　だから訓令一六号問題を見ると、日本とロシアのパーセプションが一致していたことに気が付くわけですが、さらに先に進むと色丹島が問題となります。先生が書かれているように、サンフランシスコ平和条約のときに吉田茂が色丹、歯舞は北海道の一部であると明確に言って、択捉、国後はあきらめるけど、こっちはあきらめないと主張した。そのことがソ連に二島なら引き渡してもいいと思わせる契機になったと。そうですよね。

和田　うん。

色丹認識の変遷

岩下　ただ厳密に言うと色丹は本当に北海道の一部なのでしょうか。

和田　色丹島は千島列島でクリルの一部でしょう。当然、国際的には、クリルの概念のなかには色丹島が入っています。歯舞は入っていないが、色丹は入っている。

岩下　アメリカも最初は日本が主張できるのは歯舞だけという立場でしたよね。

和田　ダレス(国務長官)がサンフランシスコ会議で言ったことは、歯舞がクリルには入ってないということだけです。色丹には触れてない。

岩下　とすると、歴史をきちんと解釈すると、色丹までを北海道の延長と言った吉田茂の外交センスはすごくて、それが生きて一九五六年で色丹まで宣言に入ったと。

和田　それはそうですよ。ただ、吉田が言う前提として、外務省のパンフレットがあります。ここで歯舞、色丹を千島と分けています。だから色丹は通常の考えでは南千島の一部だったが、これは救えるかもしれないというアイデアが生まれ、サンフランシスコ平和条約が準備されるプロセスのなかで、外務省では歯舞、色丹を千島と別に分けようという意見が主流になった。吉田はそのうえに乗ったということです。外務省の調書にあります。

岩下 戦前のイメージでは色丹は千島だという方が日本では強かったですか。

和田 それはそうでしょう。明治になって最初は択捉、国後を千島国、色丹は根室国に入れていました。しかし、一八七五年に千島樺太交換条約を結んだ後はずっと千島国です。だから最初に根室国と千島国に分けた事実、あれが頼りだった。あれを発見した人がいたのだね。

岩下 そういうわけだから、私は歯舞から先に返還してもらえば、一九五六年の共同宣言に触らずに、二島で終わりかどうかという議論にならずに対応できるのではないかと思い、それをやったらどうだ、根室の人たちは喜ぶだろうと主張したら、みんなに怒られました。そんなことをしたら色丹まで危なくなってしまうと。

和田 確かにそうですね。

岩下 ここからは非常に微妙ですが、私が近著のなかで示唆した、国後を渡してもらう代わりに色丹をあきらめるというアイデアはこの経緯も参考にしていますが、もうひとつはロシア人がいま、三〇〇〇人も住んでいるという重みです。日本時代の人口は一〇〇〇人ぐらいですから、これは多いです。

和田　やはり工場を造ったからでしょう。あなたの本では、とにかく日本時代に歯舞に五〇〇〇人もの人が住んでいたという指摘が重要なことですね。だから歯舞は決して軽視されるべきではない、このメッセージが大事です。そのうえで、目の前に見える歯舞と国後が我々にとっての関心の的だということは確かです。色丹は見えないからね。納沙布岬からは遠いですね。

アイヌ問題を考える

岩下　さて歴史をさらに戻れば、アイヌのことを考えねばなりません。私が前の本で日露の「フィフティ・フィフティ」で係争地を分け合う提案をしたときもそうでしたが、よくある批判にアイヌを忘れているというものがあります。北海道でも公開討論をやるとアイヌを代表するような方が来られて、アイヌのものだろう、なぜこの会議にアイヌを呼ばないと批判されることがあります。「アイヌに返せ」「アイヌのものだ」という議論は、ある意味、わからないでもないし、共感もありますが、先生はどう思われますか。

和田　僕もアイヌ問題を考えたことがあります。ただアイヌに返すといってもアイヌは国家をつくっていません。日本に返してもらったら、日本の国民の一部であるアイヌ民族に管理をゆだねるというかたちでしかあり得ない。そういう意味で言うと歯舞のいくつかある島のひとつかふたつかを、島ごとアイヌ文化博物館やアイヌ歴史博物館にするというのが適切ではないかと考えます。ロシア側にこういうことを先行的に提案したらどうかと思います。そしてその島には自由に日本人は行けるようにしたらどうか、気持ちも開けてさらに関係が進むこともあるのではと、外務省の方に提案したこともありました。

岩下　日本はアイヌの方をひどい目に遭わせてきて、その末裔の人たちがいまでもいます。ただこれは千島だけではなく、北海道そのものの歴史です。政治的に利用されかねない領土問題に巻き込まず、先住民の権利の問題としてきちんと対応するのが先だというのが私の考えです。

和田　アイヌのことが問題になるとすれば、先住民アイヌというものを前提にして、その現実の前に、ロシア人と日本人が謙虚な立場に立つことが問題解決を少しでもスムーズに動かすことになると思います。

共同経営の方法と主権

岩下　さて解決法に入ります。先生はご著書のなかで国後から交渉して、国後がだめだったら、これを色丹とともに共同経営するとおっしゃっています。主権はどうするんですか。

和田　主権はもちろん、国後はロシア、色丹は日本です。

岩下　具体的に共同経営と言った場合、国後と色丹の生活スタンダードはどうなりますか、それぞれ違うかたちでの共同経営ですか。

和田　結局、僕がなぜそれを考えるかといったら、そこに住んでいる人の問題です。色丹島が日本に来るということは、色丹島民がどうするかという問題です。プーチンが仮に色丹は日本に返すと言っても、フルシチョフ時代と違い、ただちにこれを廃村にするようなことはできないでしょう、色丹の住民が日本に行っていいと思わないと、引き渡しは実現しないと思います。つまり、色丹の人全員を根こそぎロシアの別の地に移住させて、島を更地にして日本が受け取るという解決はいまの時代にあり得ないと私は思います。そうだとすると、そこに住んでいる人で住み続けたいという人たちは住み続けてくださいとならなければならないわけです。この問題をどうするか、考えなければならないのです。

国籍をどうするか。二重国籍を導入するか。行政をどうするか、ロシア語で行政を行うかということが問題になります。これを移行期と位置づけることもできるでしょうが、相当な期間にわたって、国後、色丹をひとつとした現在の南クリル行政を維持する方がスムーズかと思います。こう言うと川奈提案に似てくるところがあります。

色丹島に住んでいるロシア人はロシアに税金を払い、ロシアから社会保障を受けるのを続けても構わない。日本の国籍を取りたいと言う人には、日本側は税金免除をしてもいい。その代わり、徐々に日本人も色丹に住んでいく。

国後と色丹を共同経営とすると、ロシアの土地に対して日本側も助言や経済的支援を出すことを通じて、とくに漁業面で資源保護のコントロールをやれる。話を戻せば、色丹の住民にロシア国籍を与えていいのであれば、国後の住民にも日本国籍を与えてもいいことになる。こうなれば主権は違うが、住民に日本人もいればロシア人もいるということになる。日本側の閉塞感も打ち破ることができ、人の往来が増える。こう考えたわけです。

岩下　日本政府が二重国籍を、こういう特区的なかたちで導入しますか。

和田　そこが問題ですね。しかし、島を取り戻すために必要だとなればやるでしょう。これをしなければ、日本国籍を与えないから、ロシア国籍を維持しても構わないということにせざるを得ません。

岩下　二重国籍の付与さえ考えないということであれば、やる気が疑われます。日本側は島を本気で取り戻す気があるのでしょうか。

和田　だからそこですよ。実際に戻ってきたら、島のロシア人たちをどう遇するかはよくよく考えなければならないはずです。しかしあまり考えているように見えませんね。ただ谷内正太郎さんはあるとき二重国籍問題に触れたことがあります。谷内さんはアイデアとしては色々考えている人です。限定的な特別立法にすれば、できないことはない。それでもし、色丹が確実に日本領になり、国後にも働きかけられるのであれば、日本としては大きなゲインです。できるなら、やるべきです。

今後の日露関係

岩下　プーチン・安倍会談に戻ります。あれは要するに、経済的にも戦略的にもこれから日露関係はやれることは何でもやるという宣言だと思います。ただこれが領土問題の解決に資するか、資さないか。もう、島を取り戻すまでつきあわない方がいいという入口論、いい関係をつくった方が島の返還につながるといった出口論を論争する時代は終わったと私は思っています。

和田　それはそうでしょう。問題は、ロシアの経済が良くなっておつきあいも増えていますが、ロシア側の狙いはこの地域を掌握し、しっかり発展させていくということだと思います。それにはどれだけお金がいるかわかりません。一番のポイントはこの開発に中国、韓国など外国の資本、労働力を入れるという計画です。これは非常に日本人の感情を刺激します。

経済が発展し、全体として日露間も経済交流が進んでいく。そしてロシアはそのなかでこの地域の開発に力を入れる。悪くはないですが、そこにもし日本以外の国のプレゼンスが増えていくと、全体は良くなっても、この部分のしこりや感情的な対立は強まっていきかねない。そうすると果たして日本人とロシアの関係が望ましいものになるのかどうか疑問です。地域の人たちの感情を良くするためには、経済的な発展を促進しつつも、やはり領土問題についても解決を図ることが大事でしょう。

岩下　いまの安倍政権は中国をすごく意識しているから、ロシアに対してはとくに歴史認識のことを言わないのだと思いますが、根っこは北方領土問題を引き起こしたソ連の中立条約を無視した侵攻に対する反感があるはずです。そうすると、またいつ「不法占拠」「固有の領土」が振りかざされるかと。関係がすぐに悪化して前に戻ってしまう危険があるのではないでしょうか。

和田　ありますね。ただ中韓がもっと難しいからね、だからロシアだけでもとにかく交渉を続けて前向きに行きたいという気持ちもあるだろうから。麻生さん、谷内さんには前の経験もあるでしょうから。

岩下　その麻生さんが「不法占拠」と言って壊したのですが(笑)。

和田　だから、それで失敗しているから(笑)。そのことをわかっているでしょうから。どこまで我慢できるか。地が出ればぶち壊しになる可能性もあります。どの程度の議論が官邸のみならず外務省も含めてできるかです。

岩下　歴史家としての先生の直観として、中国とロシアが組んで日本を叩こうとしているというような一部メディアの見方をどう考えますか。中国が北方領土問題でロシアを支持し、ロシアが尖閣で中国を支持するといった「反日」による共同戦線などあり得るのでしょうか。

和田　中国とロシアが組んで日本に圧力をかける？　それはロシアとしてはないでしょう。ロシアは中国との関係を、敵対はできないけれども、だからといって抱きつきあう関係でもないと見ています。ロシア人としては中国人に対する警戒心もあるし、中国と組んで日本に圧力をかけても、ロシアが得るものはないでしょう。別に、ロシアは北方領土問題が危ういなどとまったく思ってないから。

明治期日本の国境画定作業と竹島

岩下　そうでしょうね(笑)。そろそろ竹島にいきます。先生のご専門はロシアから始まりましたけど、韓国、北朝鮮にも専門家として深く長いつきあいをされています。ご著書の具体的なところから伺います。日本政府の立場を批判されていて、これは下條正男さん*への批判でもあると思います。一八七七年の太政官決定で「竹島ほか一島」の部分。これは韓国側がよく言うことで、日本側が無視しているということですね。しかし例えば、塚本孝さんという国会図書館の方が、国際法上の法的問題として竹島のことを書かれたときに、これは鬱陵島のことを言ったときもあり、揺らぎがあるから明解にこう言えるのかと疑義を出しています(塚本孝「竹島領有権紛争の焦点——国際法の見地から」二〇〇七年一〇月、教育研究研究会大会など)。色々解釈はできるのではないでしょうか。

和田　僕が資料を見た感じでは、この点は明解だと思います。地図がついているでしょう。地図もつけて議論していますから。「竹島ほか一島」の、その「一島」はその下の松島だということははっきりしており、これがいまの竹島であることは否定できないだろうと考えます。それにこれは韓国が言い出したわけではなく、京都大学の堀和生さんが発見したものです(堀和生「一九〇五年日本

*下條正男　拓殖大学教授下條正男は竹島を歴史的に日本領とする代表的論客で、『竹島は日韓どちらのものか』(文春新書、二〇〇四年)などで知られる。この日韓の竹島をめぐる歴史論争でとくに焦点になるのが、一八七七年太政官決定「竹島外一島之義本邦関係無之義ト可相心得事」の部分である。鬱陵島が江戸時代まで日本で竹島と呼ばれていたため、「外一島」は現在の竹島を指すと読めるが、下條氏はそうであるはずはないとして、「外一島」は竹嶼(鬱陵島の東二・二キロに位置する別の島)だと主張している。

の竹島領土編入」『朝鮮史研究会論文集』二四号、一九八七年)。日本側から出てきたものですから、これを無視するのはよろしくない。日本は明治維新後、とにかく一八七〇年代に、周辺国との国境画定に大きな努力を払いました。黒田清隆が榎本武揚と一緒になって樺太を放棄し、代わりに北千島をもらうことにしたのもその一環です。これが一八七五年です。いまから見るとよくそんな決断ができたなと思えますね。明治維新をやった人たちの見識、力量でしょう。日本の国力を判断して、樺太に手を出す余裕はない、北海道を自国領土として掌握し、開発することこそが急務であり、日本国家のための道だと結論を出したのです。

樺太をロシア領とすることで、ロシアとの関係は当面安定させられるが、将来を考えれば、朝鮮との関係を整理しておかなければならないとして、朝鮮と国交を樹立することにする。一八七六年に黒田が使節となって朝鮮に行き、開国させるのです。そのときは領土画定は残されたのですが、それをやったのが、一八七七年の太政官決定なのです。最後に一八七九年の琉球処分。沖縄、琉球王国に行って、ここでは併合に動きます。

要するに一連のかっちりとした国境画定作業のなかで、鬱陵島、竹島の処理も行われているのでして、そこに混乱があったとは思いません。

岩下　いまの説明でよく理解しました。私は国境問題を並行的に見ているから、その説明だとよくわかります。ご著書では竹島だけを取り上げて縦の歴史軸で整理されているので、そこがつかめなかった。しかし、それでも塚本さんの法的には効果がないという主張は有効ではないのでしょうか。

和田　それも絶対的ではないと思います。ただ日本の領土ではないとしていたところを、今度は無人島と言って、一九〇五年に日本領だと宣言するわけでしょう。しかし、これは日本が朝鮮を取りにかかっている過程です。日露戦争を始めて、朝鮮全土を占領する。そのときから一九四五年まで日本の朝鮮占領が続くのです。朝鮮保護国化、朝鮮併合、朝鮮植民地化の過程が始まっているなかでの竹島領有宣言です。だから、日本の法律的な主張も一九〇五年からだとすると弱いので、いまでは日本政府は、一六世紀か一七世紀から領土としていたという言い方に主張を変えていますよね。

岩下　いまは先占論だけでなく、発見論も根拠にしています。

和田　昔、自国領だとしていて、一九〇五年には自国領土だと再認識したという主張ですが、それは無理な立論でしょう。

岩下　韓国側の古くから自分たちは知っていたという主張に引きずられ、自分たちも古くから知っていたと主張していないと良くないみたいに受け止めたようで、かえって論理的一貫性を損なったと思います。

和田　日本としては、一九〇五年に自分たちの領土として宣言したということで頑張るしかないでしょうから。

植民地からの分離独立という文脈

岩下　この話、実は尖閣とは似ているのですが、北方領土と明らかに違うのは、日本の帝国が解体し、植民地の支配から独立国が自由になるときに、かつての空間をどこで分離させるかという問題だという点です。これが他の植民地独立問題と違うのは、本国が別にあって植民地が割れて独立するのではなく、本国から独立する話だということです。

和田　しかも、本国と植民地が隣接している、海を通じて隣接しているから、間の島の帰属が問題になる。問題は、独立していく国の側が鬱陵島と独島をもって独立したいと主張したということです。これを受けて、日本としてどう対処するかが鍵です。ついでにあれもよこせと要求があった。例えば、対馬もよこせと。

岩下　対馬もよこせ。賠償としてよこせと言っていました。

和田　よこせと言われたら、それに対して、日本側はどうするかが問題です。対馬は絶対に渡せない、対馬は日本のものだと頑張るとすれば、植民地支配のことを考えて、鬱陵島のみならず、竹島も向こうの領土と認めるのが自然のような気がします。

岩下　領土問題を歴史問題から切り離せというのが私の近著の立場ですが、万が一、竹島問題を歴史のなかで議論するなら、これは独立をめぐるプロセスの論議であることを明確にしたらいいと思います。

和田　私の近著のなかでは、独立のプロセスで日本と韓国が対峙して、そこから問題が出たという点を指摘しましたが、強調が足りませんでした。韓国で翻訳が出たので、その新しい序文にはこのことをはっきり書きました。この点が竹島問題に特徴的なことだと思います。

岩下　それがはっきりすると、日本側もいまみたいな対応とは違う議論が出てくると思います。たぶんどこまで言葉で表現するかは別として、一九七〇年代や八〇年代にはその認識が政治家も含めて関係者に共有されていたのではないでしょうか。韓国に対する特別な感情としてこれがあったように思います。植民地分離ですから、境界をめぐる協定など以前にあるわけがない。日韓関係における戦前・戦中の身体性が消失していくなかで、この問題を解釈するから、いまのような理解になるのではないでしょうか。韓国側にも似たような問題がないわけではない。とくに韓国は民主化された後、前政権がやったことを全部否定することを繰り返している。とくに日本については、これに少しでも関わっていたら、それが批判される材料に使われていく。民主化、もしくは社会が多少自由になると色々運動が起こってきて政府がコントロールできないことも生じる。その最たるものが、対馬で仏像を盗んだ犯罪でさえ原状回復を拒否し、これを是とする意識です。それがいまの韓国の状況です。ところで竹島問題は一九六五年の日韓基本条約に関わるところも大きいのですが、これについてはどうでしょうか。

和田　最近、六五年の竹島棚上げ論は素晴らしかったという論文が韓国で出ました。要するに、歴史問題もふたつあって、歴史的に島がどちらのものかという歴史問題と、事柄の本質に関わる歴史問題は違います。植民地からの独立問題は後者であり、こちらが重要ですよね。

韓国のなかの議論も色々なぶれがあり、行き過ぎもあるけれど、これは日本が植民地支配を反省することが前提です。日本が植民地支配を反省したのは一九九五年*だから、それ以前と以後は議論が違います。一九九五年以降として二〇〇五年の状況*を考えないとなりません。二〇〇五年の議論は一九九五年以前なら問題にならなかったと思います。そういう意味では日本が過去を反省したことで新しい問題が出てきているわけです。

岩下　そのロジックを使えば、先生も若宮さんもそうだけど、竹島を放棄すればまた新しい問題がつくられるだけではないですか。

和田　それはある意味で歴史の流れとして必然的であって、日本が過去を反省する、謝罪することは一九六五年にはなかった。ようやく一九九五年になってこれをやったということであれば、それに伴い新しい追加的措置が必要になるわけです。その追加的措置の一番大きい問題が竹島のことだと思います。言われたように、次から次と歴史問題が出てくるという考え方もあるけれども、私はそう思いません。

地域住民の立場

岩下　地域に住んでいる人の立場から考えると、隠岐の島の住民の利益と海の利用をどうするかという課題が残ります。

和田　これは隠岐と鬱陵島の間で海を分けていくというかたちにせざるを得ないでしょう。そういう考え方は韓国にもあるし、日本にもある。

岩下　芹田健太郎*先生の提案があります。竹島を韓国に譲渡しあるいは放棄して、竹島に対する韓国の主権を認めるが、韓国の鬱陵島と隠岐の島を基点として、互いの排他的経済水域(EEZ)を境界画定する。さらにこれを環境協力のシンボルとして自然保護区にすると。先生の提案も同じですか。

和田　最後の環境保護区にするというのは難しかろうと思います。韓国が島をあれだけ自分たちの歴史シンボルにしていますから。ただ最初と二番目は同じ意見です。この第二の点に関しては、かなりのところで日本と韓国の間で議論はかみあうのではないでしょうか。内閣参与の谷内正太郎氏も、そういう考えです。この間ソウルでシンポジウムがあったとき、孔魯明(コン・ノミョン)さん

*日本が植民地支配を反省した一九九五年(村山談話)　一九九五年八月一五日、村山富市内閣総理大臣が戦後五〇年の節目にあたり閣議決定に基づき発表した声明。以後の内閣にも引き継がれ、日本国政府公式の歴史的見解である。談話は第三段で「植民地支配と侵略」により諸国民に多大の損害と苦痛を与えたことを認め謝罪を表明している。

*二〇〇五年の状況　二〇〇五年は、日清戦争の下関条約から一一〇年、日露戦争のポーツマス条約から一〇〇年、第二次世界大戦での日本敗戦から六〇年と、日本が中国、韓国、ロシアとそれぞれ抱えている領土問題と関係の深い三つの戦争の記念年となり、国内のナショナリズムが大いに高揚した。とくに島根県が竹島編入一〇〇年を記念し、二月二二日を「竹島の日」と条例化したことで、韓国からの激烈な反発が生じた。

*芹田健太郎　日本の領土問題に関する国際法学における第一人者。神戸大学名誉教授。『日本の領土』(中公文庫、二〇一〇年)は国際法的観点から、北方領土、竹島、尖閣を精査した名著であり、とくに竹島については、日韓漁業水域問題を議論しつくしたうえで、日本による大胆な調整案を提示している。

という元駐日大使の方が同じことを提案しました。すると、（慶應義塾大学名誉教授で朝鮮半島をめぐる国際政治の専門家でもある）小此木政夫さんが前から自分も同じ意見だったと言っていました。

岩下　そうするといまの日韓暫定水域が消えるのではないでしょうか。あれはすごく韓国に有利に水域を広げていますから。日韓暫定水域を決めたときに、まったく地元には何も相談なく決めています。そのときは日本側の漁民がいきなり利益を失いました。これをやれば今度は韓国の漁民が同じ目に遭います。いずれにせよ、日本も韓国も地元のことは考えていないとしか言いようがありません。

尖閣＝沖縄と台湾の問題

岩下　さて同じような話ですが、最近、尖閣周辺で日台が取決めで共同水域をつくりましたが、これも沖縄や八重山の人にとっては寝耳に水の導入でした。その尖閣ですが、先生は本のなかで尖閣にはあまり分量を割いていないので、質問もあまりないのですが、国際法でいうクリティカルデート＊論があります。豊下楢彦さんも芹田さんも強調されていますが、台湾も中国も以前は尖閣の領有権を主張しておらず、途中から言い出した。その場合、主張し出した後の論拠は法的には効果がなく、以前を見れば尖閣を日本領だと認めるような資料しか出てこない。従って、法的には中国は勝てないという議論です。これはかなり浸透しており、かつ説得的な議論で、国際司法裁判所に行ってもほぼ日本の勝利という意見が大勢です。これについてはどう思われますか。

和田　そういう議論は可能だと思いますが、中国はこの方式には関心をもっていないから、そう言っても解決につながらないと僕は思います。従って、日本が実効支配しているという状況を何とか中国に認めさせて、両国の利害を調和させていくという道を考えるというのが基本でしょう。やはり沖縄と台湾の問題だと位置づける必要がある。沖縄と台湾の共同経営みたいなかたちにして、あの島を管理するのがいいと思います。

それから中央政府から見れば、尖閣諸島は忘れられていた島であったということもポイントです。外務省がつくった一九四七年のパンフレットには、「先島諸島の北にある Sento islands は無人島で、重要性はほとんどない」とあるに過ぎない。沖縄陥落後、近衛文麿が特使になってソ連に赴き、ソ連に仲介を頼んで米国と和平にもっていきたいと思ったとき、すでに沖縄を放棄すると決めています。つまり、日本の領土は「固有本土」だけでいいとして、そのなかには沖縄は入れていないわけです。あれだけの地上戦で全滅する戦いをした沖縄県民がもう切り捨てられています。

*クリティカルデート　クリティカルデートとは、国際法上で、紛争当事国間に存在する法的状態を決定する基準となる期日。権利義務諸関係が争われた場合、クリティカルデート以後に生じた事実は国際裁判など審理の場では証拠能力を否定される。尖閣問題では、一九六九年以前に、中国が領有権を主張していなかったことがこれにあたると言われ、国際境界研究ユニット(ダラム大)など権威ある機関の報告書などもこれを支持。豊下楢彦『「尖閣問題」とは何か』(岩波現代文庫、二〇一二年)にも詳しい。

戦後になっても沖縄の日本帰属は危うい状況でした。先ほどのパンフレットには琉球処分のこともグラント仲介による八重山分島の話*もはっきり書いてあるが、沖縄についてはもう両手を挙げてあきらめている状態で、アメリカの考え次第だというスタンスです。日本として沖縄を返してくれと強く言う姿勢も感じられない。尖閣に至っては一言触れてはあるけれど、間違った名前でしか呼ばれていない。つまり、尖閣というものは戦後は長く日本人からも「忘れられていたもの」であって、これを日本人が思い出したのも一九七二年以降で、台湾が主権を言い出して、沖縄が反論してからです。そのとき初めて日本人は尖閣という島があると気付いたわけです。「発見」したのがその時点だったと言ってもいい。つまり、日本人がずっと尖閣は自分の領土だと思い続けてきたわけではなく、高校で教える地図帳にも載ってさえなかったのですから。これは竹島とは全然違う扱いです。

ある意味では、尖閣を沖縄と一緒にアメリカが日本に返してくれたから、忘れていた島がまた日本の領土に復帰したと、そこから日本の領土認識が始まっているということを直視する必要があります。

岩下　いまの論点は面白いです。あれは台湾が主張したのですが、サンフランシスコ平和条約には関係者に協議すると書いてあるのだから、アメリカは沖縄を一方的に日本に返すなよというところから始まったわけでしょう。そのなかで尖閣は台湾が俺たちのものだと言い、中国が台湾は俺たちのものだから当然、尖閣も中国のものだと言い、そこから始まっていくわけです。でも日本側もそのときに「発見」したわけで、そのうえで過去の日本人の島での活動記録を思い出して、昔から延々と日本の「固有の領土」だったという物語を編んでいくわけですね。

連関する沖縄、奄美と千島

岩下　ただ、沖縄に関して言うと、いつ頃から沖縄を取り返すという話に変わっていくのでしょうか。つまり、サンフランシスコ平和条約で沖縄を一回切り捨てます。あのとき奄美も切り捨てられましたが、奄美の方ではすごい復帰運動が起こり、それが沖縄へ飛び火すると困るから、一九五三年一二月に「クリスマスプレゼント」でダレスが奄美返還を発表しますよね。私はこれはどこかでソ連の千島占領とつながっていると思っています。歯舞、色丹をソ連が日本に渡してもいいという話は奄美返還と呼応しているのではないかと考えています。これらを前提に、一九五六年の日ソ国交回復交渉のモスクワでの最後の局面、河野一郎とフルシチョフのやりとりがあります。河野が沖縄の話とリンクして歯舞、色丹の即時引き渡しを要求し、フルシチョフがこれを共同宣言に書き込むのを約束したのは、これがあれば沖縄返還問題を通じて日米関係にくさびが打てると考えた節も

＊グラント仲介による八重山分島　琉球処分に対して清国は抗議し、清国を訪問したアメリカ元大統領ユリシーズ・グラントに仲介を依頼した。グラントは一八七九年七月に日本に来て、琉球列島分割で妥協することを勧めた。一八八〇年三月に始まった日清予備会議で、日本は宮古島・八重山諸島を清国に与える分島案を提案し、八月からの本交渉でほぼ合意に至ったが、清国政府が認めず、調印されなかった。

あります。河野は沖縄をダシにして択捉、国後も継続協議にしてくれと迫るのですが、逆にフルシチョフはでは沖縄返還を条件に書き込もうかとも提案しました。

和田　それは河野が困ると答えましたね。

岩下　日本にとってのプライオリティーは沖縄が上で、千島が下だというのがそのときはっきりしました。しかし沖縄をその前に一度、全部捨てているわけですから、どういう構造やプロセスで沖縄や千島を取り返していこうと政府は当時考えていたのですか。

和田　吉田はサンフランシスコ会議の前に沖縄の問題を強く意識していたことは確かです。ただどうなるかわからなかったわけです。条文上は、沖縄が全部委任統治になってアメリカが全権をもつとなっていたでしょう。ですから、アメリカが委任統治を続けて国連に訴えて正当性を取り付けたら、末永く管理していくことになってもおかしくなかった。グアムのように沖縄がなる選択肢もあった。それを何とか潜在主権が日本にはあることをサンフランシスコ平和条約の前にアメリカに認めさせた。これが大きな成果であったと思います。

結局、サンフランシスコ平和条約があいうかたちで結ばれた結果、残された領土問題は何かと言えば、歯舞、色丹であり、他方で沖縄の問題についてはもう返せとは言わないわけです。むしろ、潜在主権があるのだから、沖縄については日本も統治に参加させろ、日本政府の代表者を入れろというのが国会決議となります。この段階で沖縄については、いつかは返してもらうという意識が共有されたと思います。サンフランシスコ会議の前の外務省パンフレットのときとは認識が大きく変わりました。

しかし、問題は沖縄のことであり、尖閣ではありません。沖縄については、結局、中国との関係で琉球処分のところに行きつきます。最近、カイロ宣言を調べましたが、カイロの会談でルーズベルトは琉球を要求するかと蒋介石に訊いています。蒋介石は共同統治、共同占領には参加するが、要求はしないと言います。

しかし、自分たちが関わろうとする主張は強いわけです。中国も当時はわかっていないから、尖閣は頭になかったと思いますが。しかし、かつての八重山分島のグラント提案が成立していたら、八重山は中国領ですから、尖閣もそうなっていたのでしょうね。歴史のことを議論するならば、そこまで考えた方が日本人の頭を柔らかくするのにはいいのではないかと思いますが。

戦後日本の国境意識と日米安保

岩下　小笠原の話にも踏み込みたいところですが、時間がなくなってきたのでそれは別の機会にして、締めに入ります。国境全体を考えずに、スポットだけ取り上げて、いま、もめているところだけ見る傾向が強すぎます。日本の全体像というか、国境全体を見るという視点がなぜこれほどまでに日本にはないのでしょうか。

和田　それはアメリカの存在のゆえですよ。日本はアメリカの庇護のもとに生きてきましたからね。結局、国境線をはっきりさせないということは、日米安保でアメリカによって守ってもらう線をはっきりさせないということでしょう。これはアメリカの利益になります。だから、余計なことを始めて、アメリカとけんかになったらまずいということでしょう。

日本としてみれば、そういう点も含めて、アメリカの考えに従うということでやってきているものだから、自分の国家の線はどういうもので、安定的にするのはどうしたらいいのか、近隣諸国との関係とか地域全体との関係とかをどうするかは考えずにきたということです。

岩下 最後にご著書のなかで基地問題を示唆されていますね、沖縄の（本書第一章二三頁参照）。領土問題と書いていますが、これは一ページで終わっていて、何をこれで言いたかったか、もう少し膨らませていただけますか。

和田 沖縄の問題は深刻な問題です。島ぐるみであれだけの戦争をして、戦争に負けて完全に叩きつぶされて、全島がアメリカ軍に占領された、その状態が基本的には今日まで続いているわけです。だから、沖縄問題が領土問題としてなお最大の問題だと言えるのです。

領土問題の本質は何かといった場合、結局、そこに住んでいる人が解放されるかどうかということです。人が住んでいない島の問題はまた別ですが、人が住んでいる島の場合、領土問題の解決とは島の人が解放されることです。そうだとすると、沖縄の人々にとっての解放は日本に政権が移っただけではまだなされていない。あれだけの基地が沖縄に存在しているということを見ると、施政権が日本に返還されても何も実状は変わっていないとさえ思える。さすがに沖縄の人たちももう我慢できないと言い出してきた。だから、僕の考えでは沖縄の米軍基地は全廃し、日米安保下の米軍基地は全部、日本の本土で担っていくべきではないかと思います。沖縄はもう十分犠牲になって、つくしてくれたのです。

岩下　海兵隊の基地を全部佐世保にもっていけとかいう沖縄の声ですね。

和田　日本には佐世保も横田も横須賀も三沢もあるから、これ以上増やす必要はないけれど、現状は本土で米軍の基地を維持していくということで十分ではないかと思います。沖縄について言えば、新しい意味で沖縄を自由にし、沖縄が海の利益についても主体的に関わっていくような立場になっていくのがいいのではないかと思います。

ボーダーの宿命はメトロポリスの、つまり、中心、首都の出す命令に従って、国家防衛の最前線たることです。沖縄が典型です。そういうふうにしてきたのですが、いまはそうではない生き方をすべきときですよ。ボーダーランド、ボーダーアイランドが、周辺の世界と平和的に協力的に生きていくための拠点になる、そういうものに変わっていくということが重要です。沖縄の将来はここにあります。だから、尖閣の問題を解決する一番の鍵は沖縄が握っています。これはあなたの言っておられることですが、私も本当にそう思います。

第四章　「領土ナショナリズム」と闘う

岡田　充

（聞き手　岩下明裕）

（二〇一三年七月一三日）

「生活圏」のリアリティ

岩下　先日、ジャーナリズムの責任を問うといったシンポジウムをやりました。若宮さんをソウルから呼んで講演をしてもらい、北海道で活躍されている本田さんと本間さんの鼎談のかたちにしました（本書第二章）。メディアの領土問題をめぐる報道のあり方について議論しました。竹島や尖閣に比べた場合、北方領土に関わる漁業者は圧倒的に活動的です。本田良一さんの『密漁の海で――正史に残らない北方領土』（新訂増補版、凱風社、二〇一一年）などの著作のおかげでもありますが、理由ははっきりしていて、島が近いことと漁場の良さです。別のシンポジウムで報告された（本書第一章）、福原さんという竹島問題を研究している方によれば、これを言うと地元の方に怒られるそうですが、竹島周辺はあまりいい漁場ではありません。対馬の方がはるかに豊かです。また尖閣についてもそれほど豊かな漁場とは言いがたい。尖閣沖でいい漁場と言うときは、尖閣からは一〇〇キロくらい離れた石垣に近いパヤオのマグロ漁を指すことが多く、例の日台漁業取決め水域がこの近くまで広げられたことで台湾船が闊歩しており、地元の方は漁をするのに苦労しているようです。

いずれにせよ、北方領土の漁場は竹島、尖閣とは違います。底が浅いのと海流がぶつかるからでしょうか。とくに根室にとっては貝殻島という納沙布岬から近いところが大事で、コンブ漁です。要するに近辺の住民がみんなでコンブをとりに行っていたわけですが、そこを奪われたということが及ぼす生活への影響度、空間が使えなくなったという意識の身体性は深いものがあります。

ですから、領土問題を近くに暮らす人々の「生活圏」として議論しようとする場合には、簡単にこれを使うのには躊躇がある。北方領土、とくに歯舞とか根室の「生活圏」というのは確かにあって、それが「見えない壁」で仕切られたというのはわかりやすいのですが、竹島や尖閣はそれぞれ隠岐の島や石垣島から一五〇キロほど離れています。新崎盛暉さんたちが尖閣問題に対して「生活圏」を対置させるのはいいのだけど(『「領土問題」の論じ方』岩波ブックレット、二〇一三年)、那覇の人が本当に尖閣は沖縄の「生活圏」だと思っているのか疑問があります。石垣の人だって尖閣を「生活圏」だと思っているかどうか怪しいと思っているくらいですから。前置きが長くなりましたが、岡田さんもご著書(『尖閣諸島問題——領土ナショナリズムの魔力』蒼蒼社、二〇一二年)のなかで「生活圏」の話をされており、国家権力やナショナリズムに対して「生活圏」で対抗せよ、と議論されていますね。

しかし、この言葉を荒っぽく使うと「生活圏」を守るという議論が抽象化され、結局、ナショナリズムに取り込まれるのではないですか。

岡田 国家権力、国家の論理で境界線を引くことに対抗して「生活圏」という言葉を使っても、沖縄の場合「生活圏」には身体性が見えないというご指摘ですね。でもそれは当たり前のことです。貝殻島や根室とは違うのでしょうが、国家が線引きした国境の意味のなさを際立たせるための論理として使っています。

尖閣で生活をした人は、かつて二〇〇人程度で、一九四〇年ぐらいまではいたようです。当時は、台湾は日本の植民地でしたから尖閣は台湾と共通の生活圏でした。つまり尖閣と台湾の間には国境がなかった。戦後、国境線が引かれた後、アメリカの施政下でも、尖閣一二カイリ内に台湾の船も、沖縄の船も自由に行き来できたわけです。台湾、とくに蘇澳(スオウ)の船が行けなくなったのは、一九九六年の国連海洋法に伴う二〇〇カイリの排他的経済水域(EEZ)の線引き以降です。これはまさしく国家による線引きであり、台湾側から見れば「生活圏」を奪われたという論理が成り立ち得るであろうと思います。

国家による線引きの後も、あそこを生活圏としていた人たちは自由に一二カイリ以内に入って漁をしていたということです。もう少し踏み込んで言えば、一五〇年前の近代国民国家による主権と領土の画定以前のはるか昔から一九九六年のEEZ線引きまで、あの係争の地は台湾と八重山の人々の同一生活圏だった。長い歴史をもつ生活圏の論理を、国家の論理に対抗できる想像力をかき立てるものとして主張したところもあります。

では「生活圏」で国家の論理に対抗できるかと言えば、それは無理です。国家は強制力をもつわけだから。しかし、長い歴史の過程を見れば、領土という近代国際法の概念を超える想像力をもつべきだという意味で書きました。

岩下 要は、八重山の人たちの「生活圏」というよりは、台湾の人たちにとっての「生活圏」という主張ですね。これは沖縄のそれとは違うので面白いです。そこまでは本のなかでは書かれてなかったような気がしますが。

岡田 台湾側の主張として、この本のなかでは馬英九総統が二〇一二年八月、「東シナ海平和イニシアチブ」を提起し、領有権争いを棚上げして資源は共有しようという主張をしたこと。もうひとつは戦前の日本統治時代ですが、八重山と台湾がひとつの経済圏を形成しており、それは地理的なものも含めて合理性があったことを紹介しています。

岩下 もう少し教えてほしいのですが、一九九六年はひとつのインパクトだと思いますが、一般に言われているのは、米軍統治下時代は自由に入れていたけれども、沖縄が日本に復帰してから日本政府の締め付けが厳しくなったというのが間に入りませんか。

岡田 もちろんそれはありますが、米統治下は海上保安庁の船は尖閣へ行っていませんし、米施政下にあったのだから日本は実効支配していません。アメリカが実効支配をしていたと言ってもいいのだけど、アメリカは当時、台湾の中華民国と国交があった(一九七九年断交)。実効支配しているアメリカと「同盟国」である台湾は、アメリカにとってはやはり「一体」だった。台湾漁船はほぼ自由に操業できたわけです。沖縄返還の一九七二年から海上保安庁の巡視船が行くようになりますが、実際に取り締まりを強化したのは一九九六年以降です。

岩下　それ以降は立ち退きをさせるようになりますね。

岡田　そうです。領海に近づくと立ち退けと。場合によっては魚を没収して罰金をとる。だいたい日本円で五〇〇万円ぐらいです。しかしこれは一九九六年以降ですね。尖閣をめぐる領有権争いが、中国および台湾との間で激化した最近では、もうほとんど近寄れない状態になってきています。

岩下　昔はのんびりした感じだったようですね。現地の人に聞いても、測候所の人とかが行っています。島に行ったら、あれっ、台湾人がいるぞと言って(笑)。

岡田　そうですよ。本にも書きましたが、台湾独立派*の人たちが漁船を使って尖閣の近くまで行って、船を乗り換えて台湾に行くとか。日本本土から与那国島経由でそういうこともやっていたようです。

岩下　密航のルートにもなっていたのですか。

岡田　密航ルートでもありました。戦前、日本植民地時代は自由に往来できたわけですから。台湾では一九四七年、国民党圧政に反発した台湾人が暴動を起こす「二・二八事件」がありました。その後、当局の弾圧を受けた知識人が台湾から逃げようとした。台湾に一番近い島が、八重山の与那国島です。わずか一一〇キロ。二年前までの日本時代は同じ生活圏に属していた。蘇澳から漁船に乗って五時間ぐらいかけて与那国へ行き、与那国から沖縄本島、それから九州、四国、本土というルートで、多くの台湾知識人が日本に「亡命」しました。

岩下　石垣や与那国では、時々、台湾人がこっそり上陸して魚とたばこを交換していたとか。

しょう。

岡田　台湾語が聞こえるぞ、といった話は与那国でも聞きました。

岩下　船に一緒に乗って宴会をしたりもしていたみたいですね。

岡田　領土問題がこう大きくなると、とてもじゃないができない時代になりました。これはまさしく国家権力の強制力です。これに生活者の論理が対抗できるかというと、たぶん対抗できないで

日台漁業取決めと馬英九「東シナ海平和イニシアチブ」

岩下　その問題を考えるいいきっかけが、二〇一三年四月に突然というか、いままでも確かに交渉はしていたのですが、急転直下で妥結した、漁業水域に関わるいわゆる民間取決めです。あれをどう評価しますか。いままではルールがなかったのだから、取決めがあるのはいいという意見もあるのだけれど、反面、沖縄や八重山など地元から見たら、何で俺たちの海だけがこんなに切り取られるのかと不満も大きい。

岡田　沖縄側は八重山漁協の代表が、調印後に日台漁業委員会に参加しましたが、取決めが彼らの

＊台湾独立派　冷戦時代、国民党の独裁的な圧政を嫌い、アメリカや日本に逃れた台湾知識人が台湾独立を主張するグループを形成する。彼らは、日本はサンフランシスコ平和条約で台湾の主権を「放棄」しただけで、その帰属は不明と主張。「中華民国」の主権の正統性を疑問視し、次第に「台湾共和国」の建設を主張するようになる。

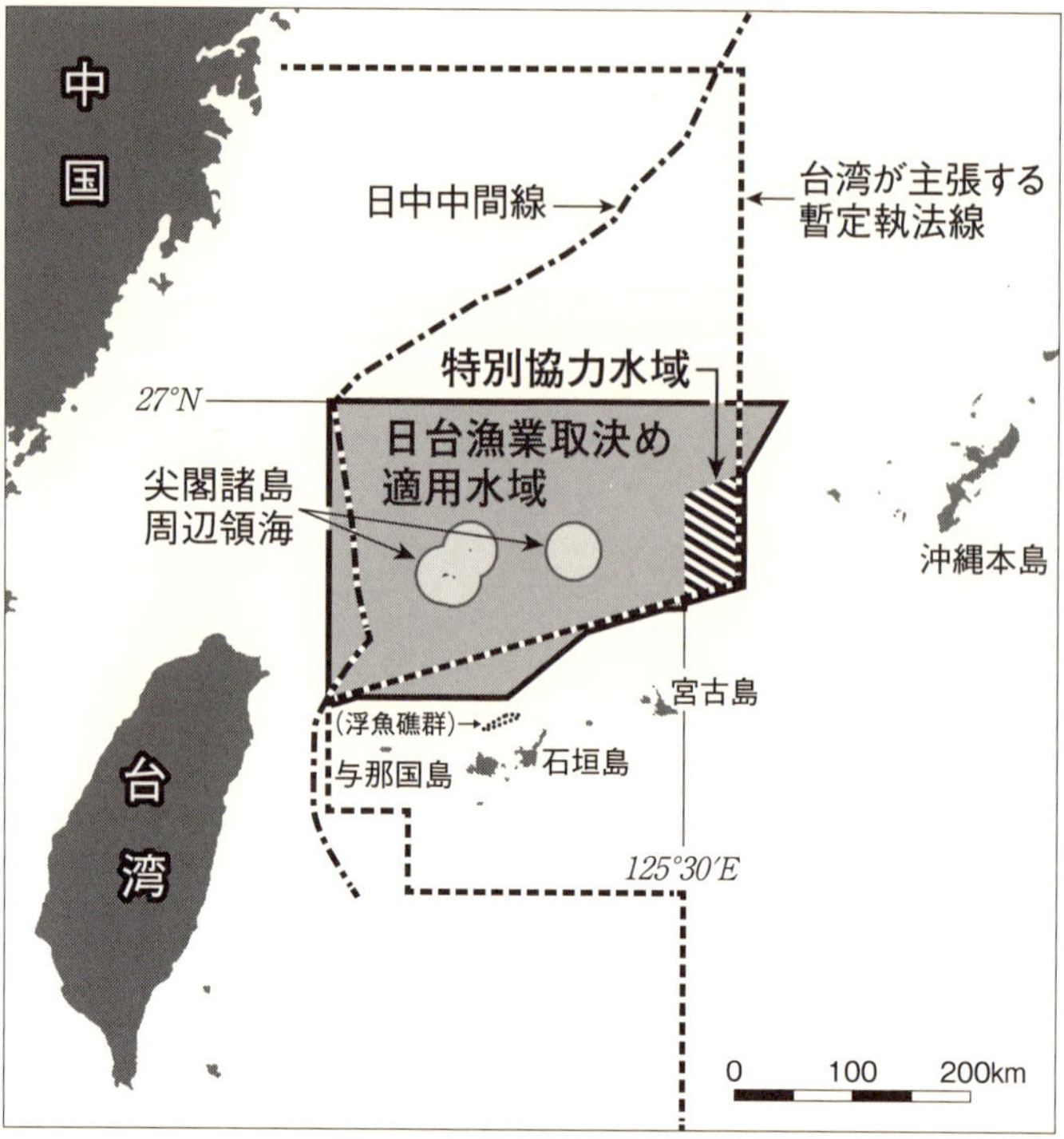

日台漁業取決め適用水域

出所：岩下明裕『北方領土・竹島・尖閣，これが解決策』朝日新書，2013年，207頁。

声を無視したとして怒って席をけったと伝えられています。漁業取決めが、またしても沖縄の頭越しに行われた。一方的に行われたということで怒っています。ちょうど普天間問題が燃え上がっているときでしたから、火に油を注いだような感じがしました。

ただ取決めそのものを冷静に考えてみると、「主権は分割できないけれども資源は共有できる」という馬英九の「東シナ海平和イニシアチブ」提案の趣旨に基づいている。要は資源の共同利用と共同開発ですね。提案は、三種類の二者会談を想定しています。まず日台と中台、それに日中、この三つの二者会談をやったうえで、最終的には三者協議で尖閣問題の出口を探るという構想です。そのうち最初の日台がうまくいったというのが台湾側の見方です。

漁業交渉ですが、一九九六年のＥＥＺの線引きに際して日本と中国、それから日本と韓国は国交がありますから漁業交渉を開始しました。日中の場合は二〇〇〇年に新漁業協定が発効しています。台湾は日本と国交がなく後回しにされたことと、尖閣の領有権をめぐって双方の主張が平行線をたどって、一七年間放置されてきたわけです。

ところが二〇一二年一〇月の初め、玄葉外相が、尖閣問題で日中間の衝突が燃えさかっていた頃、わざわざ台湾向けに外務省声明を出して「馬英九提案については全面的には受け入れられないけれども、我々の主張と重なるところがある」と述べて、漁業交渉の開始を呼び掛けました。これが日台合意の出発点になり、一一月末に日台第一七次第一回予備協議が開かれました。尖閣問題については中国と台湾の主張はほぼ一緒ですから、中国と台湾が共闘して日本に対抗するという最悪の状況は避けたい。いわば中台分断を図るという思惑のもとに日本政府と外務省がこれをリードしようとしたわけです。

二〇一三年の一月二五日でしたか、尖閣海域で台湾の遊漁船と、それから台湾の海巡防署の船が一二カイリ内に入って、海上保安庁が放水で対抗するという事件がありました。このとき、すぐ横に中国の海洋監視船がいた。日中台の公船が、同時に対峙する状況が初めて生まれ、これに対しアメリカが圧力をかけた。要するに台湾に対し、中台連携をやめ、日台で話をしろという圧力だったと言われています。

この事件の後の二月に台湾外交部が声明を発表して、尖閣問題では中国と協力しないという姿勢をはっきり打ち出します。その後、三月末に第二回予備協議が加速度的に開かれ、日本側が台湾の操業海域で大幅に譲歩して妥結が図られたわけです。こうした経緯を見ると、尖閣について中台分断を図る日本の戦術的な思惑が奏功したと見ることができます。しかし、別の角度から見るとどうでしょう。これがもし北京と台湾の関係が、つまり中台関係が悪化している時期だったら可能であったかと。たぶん不可能でしょう。いまの中台関係は、二〇〇八年に馬英九政権ができてから大幅に改善されたから、中国も強く反対できず、このぐらいで収まる。

確かに北京はぶつぶつ言ってはいますが、台湾に対しては一切非難していない。日本に対して、日中漁業協定の精神を守れと言うだけで、力ずくで阻止しようとはしていない。仮にですが、中台関係の悪い時期に、日本と台湾が（中国にとって）挑発的に見える動きをしたら、中国の漁船が日台合意海域のなかに入ってくるかもしれない。意図的にめちゃめちゃにするということもできますから。

日中台の三角形

岩下　中国外務省はどう評価をしていますか。長期的には台湾の利益が確保されることで自分たちの利益にもなるという判断ですか。

岡田　はっきり言っていませんが、在京の中国外交筋は「台湾漁民の利益は中国の利益だ」という趣旨のことを言っています。北京政府の頭のなかには、統一の時間表はいまのところありません。取りあえず現状維持でいい、良好な中台関係をとにかく崩さないということです。中国の東アジア戦略にとって、良好な中台関係が前提にないと、米中や日中など他の二国間関係の基礎が崩れてしまう。だからこれにはさわらないということだと思います。いずれにしても中台関係が良かったから、この口台の取決めができたのであって、もし悪ければ合意はあり得なかったでしょう。

もうひとつ別の視点があります。日台の合意した海域の北、つまり北緯二七度線の北側には、もっと広大な日中漁業協定の暫定水域があるわけです。日台合意をもう少し大きい構図で考えれば、東シナ海の非常に大きな海域で、日本が主張するEEZ、中国のEEZ、台湾のEEZのそれぞれ主張が重なる部分で、三者の協力の線が海に引かれたとも言えるわけです。楽観的過ぎるかもしれませんが、そういう見方もできると思っています。

岩下　いまの論点が面白いのは、この取決めが日本による中台の離間策としてよく議論されているが、台湾と中国の関係が安定していることが前提であったと。これは大事な観点ですね。

岡田　そうだと思います。新聞やテレビではほとんど伝えられていないですね。「中台分断に成功した、成功した」とは書くけれども。でも中台関係が悪かったらとてもできない合意だった。仮に二〇一六年の次の総統選挙で、中国と敵対する勢力が台湾で政権を握り、中台関係が急速に悪化したら、日台の合意した海域がどうなるのか考えてみてください。空恐ろしい感すらあります。

岩下　ただ、逆に言うと、中台関係が悪ければ日中関係はもう少し良くなるかもしれないのではないですか。中国側がそのときも日本に対していまのように厳しく出てこられますか。

岡田　「ゼロサム」でこの三角形を考えない方がいいと思います。中台関係が良いから日台関係の空間が広がったというふうに考えるべきです。今度もそうですが、日本にとってこれまで台湾と交渉をすることは、あたかも台湾独立に協力をするかのようなイメージで北京からは見られていたから、北京に遠慮してなかなか動けなかった。それが動けるようになって、のりしろが増えたわけですから。

岩下　私はこの三角形は、どの角に立つかでそれぞれ違う像が見えるように思います。日本から見ると日中関係を話すときに台湾をどこまで意識しているかというと、していない人が多くはないですか。

岡田　そうです。

岩下　でも中国から日本を見るときは、台湾というのは必ず入れて見ているでしょう。

岡田　おっしゃる通りです。彼らは日本が台湾を必ず利用して、中国への牽制カードとして台湾を捉えていると見がちです。今度の日台交渉について言えば、二〇一二年一〇月の玄葉外相の台湾向けメッセージは、おそらく一九七二年の日台断交以来、初めての公のメッセージだと思います。明らかに中台分断を意識していますが、それでも日台交渉が進んだのは、日中台の三角形のなかの、中台の辺が非常に良好であったがゆえに、日中関係という他の辺に影響をもたらさなかったと考えるべきだと思います。

「核心的利益」の多義性

岩下　中国から見て台湾の問題は核心的利益だと思いますが、尖閣は台湾と切り離した場合でも核心的利益なのですか。それともあくまで台湾問題のなかで核心的利益になるのですか。これはわりと中国学者のなかでも見方が違うようですが。

岡田　台湾が核心的利益であるというのは「一つの中国」論[*]からきていて、中国の内政問題という

＊「一つの中国」論　冷戦時代は、北京も台北もそれぞれ中国の正統政権を主張し、国連の中国代表権争いを展開した。一九七一年一〇月、北京が国連に加盟、台北が脱退して代表権争いは決着した。台湾との統一は実現していないが、「一つの中国」論のもとで、台湾を「内政問題」とすることで、台湾独立や外国の介入を防ぎけん制する狙いがある。

意味です。現在の中国の台湾認識を言うと、「世界には一つの中国」しかなく、台湾も中国もその「一つの中国」に属するという考え方です。これが二〇年前ですと、「台湾は中華人民共和国の不可分の領土の一部」という表現でした。少し変わってきていますね。

さらに胡錦濤は二〇〇八年末から、「中国と台湾は統一していないといえども、中国の領土と主権は分割されていない」と言い始めます。これは面白い認識です。なぜなら、ここで言う「中国」とは、現実に存在するリアルな国家ではない。現実には分断された「二つの政治実体」があるわけですから。そうすると、ここでいう「一つの中国」とは、架空

の国家ということになってしまいますね。架空の国家を想定して「主権と領土は分裂していない」という認識を出す。民主進歩党や李登輝さんのように「台湾独立」を主張しなければいい。つまり「現状維持で構わない」という意味です。これは胡錦濤が提起した台湾との平和発展に関する「胡六条」のなかの認識です。

中国の尖閣問題に対する立場は、「釣魚島は台湾に属する島嶼である」という認識です。世界には「一つの中国」しかないわけだから、結果的には中国の領土になるという、三段論法です。尖閣問題で言われる「核心的利益」と、「一つの中国」のなかの台湾が「核心的利益」であるというのは別物として考えた方がいいと思います。核心的利益についても、中国側の言い方は微妙に変わっ

てきています。一番近い例で言うと二〇一〇年です。南沙諸島問題*について、戴秉国国務委員(当時)が、米中協議のなかで中国の核心的利益と言明したとアメリカ側がリークしました。しかしその後、中国側は戴発言を取り下げました。

尖閣についても二〇一二年五月、当時の温家宝首相が「核心的利益」と野田首相に言明したと大きいニュースになりました。またつい最近では、中国外交部報道官が二〇一三年四月の定例記者会見で「尖閣は核心的利益」と発言したことが大きく報道されています。しかし中国外務省はこの報道官発言をその直後に修正しました。現在の中国の公式見解は、次のような内容です。「中国は断固として、国家主権、国家の安全、領土保全などを含む国家の核心的利益を擁護する。釣魚島問題は中国の領土主権問題に関わっている」(四月二六日、外交部報道官)。要するに、国家の主権、領土に関わる問題を核心的利益と呼ぶのですが、「釣魚島問題は中国の領土主権問題に関わっている」という複雑な言い回しをしているのであって、「核心的利益」と直接呼ばない点に注意を払うべきで

*南沙諸島問題　南沙諸島(Spratly Islands)は南シナ海の岩礁・砂州を含む数多くの小島から成り立っており、排他的経済水域(EEZ)の広がりと軍事的観点から中国、台湾、ベトナム、フィリピン、マレーシア、ブルネイがそれぞれに領有権を強く主張している。なかでも中国が伝統的権利をもとにU字線(九段線)と言われる広大な海域を主張していることが火種となっており、フィリピンとの対立がとくに激しい。東南アジア諸国連合(ASEAN)と中国は二〇〇二年、南シナ海問題の平和的解決をうたった「行動宣言」に署名。両者は二〇一三年、紛争回避を目的とした法的拘束力のある「行動規範」策定に向けた公式協議を始めた。

す。日本のメディアは温家宝発言のときもそうですが、この複雑で曖昧な表現を、勝手に解釈して早とちりしてしまっている。

一方、台湾やチベット、新疆ウイグル両自治区*など、中国内政に関わる主権の場合は明確に「核心的利益」と呼んでいます。この場合「核心的利益は、国家の存亡に関わるため後退、協議、取引は許されない」とされ、武力行使を含むあらゆる強硬手段をとってもこれを守るとされます。それに対して、外国と領有権問題が発生している尖閣や南沙の場合は、外交交渉による協議の対象です。尖閣で言えば、習近平総書記は七月末の党の会議で(一)主権は我々に属する(二)領有権争いは棚上げする(三)共同開発の三点を解決方法として挙げています。つまり「棚上げ」と「共同開発」に主眼があり、「武力行使を含むあらゆる強硬手段をとっても守る」内政上の核心的利益と、外交は異なるカテゴリーであることがわかります。

岩下　南シナ海もそうですか。

岡田　南シナ海も同様です。先ほど紹介したように、南沙を「核心的利益」と呼んだとする戴秉国発言は、取り消されています。南沙も尖閣も協議の対象だからと。台湾、新疆、チベットは協議の対象にはなりませんから。「武力を使っても守るべき主権」ということです。尖閣の場合も南沙、西沙の場合も協議の対象だから、力ずくで奪いにくるというイメージで捉えるのは誤りだと思います。

漁民動員の可能性

岩下　その辺の丁寧な議論をもっと発信してほしいですね。みんな何か十把ひとからげに捉えている。少し軍事的な話をしますが、中国にとって戦略的な対応とは島の領有権問題だけではないでしょうから、一応、外しておくとして、もっと単純に、例えば漁民がわーっと押し寄せて島に入ってくるといった物理的な占拠に向けたアクションを中国が起こす可能性はあると思いますか。

岡田　現段階ではないと思います。現在の国際関係のなかでそれをやれば自滅することは中国はよく知っていますから。いまおっしゃったのは一九七八年の日中平和友好条約交渉のとき、調印に先立って四月に二〇〇隻近くの漁船が入ってきたことを指していますね。中国側は最終的には、偶発的な事件として収めました。当時は、鄧小平の対日弱腰姿勢に対して、まだ一九七六年に四人組が粉砕された直後*ですから、中国の左派が仕掛けたという説もありました。この前後の状況を調べてみると、平和友好条約の締結交渉に対して自民党内部が割れるのですよね。石原慎太郎さんを含む

＊台湾・チベット・新疆ウイグル両自治区　中華人民共和国の支配下にはない台湾、主権下にあるものの漢民族との軋轢と紛争が絶えないチベット、新疆ウイグル自治区といった違いはあるものの、中国にとってはともに不可分の領土とされる。これを維持することが「核心的利益」とされ、武力行使しても守るべき重要事項とされる。

＊一九七六年に四人組が粉砕された直後　一九六〇年代半ば、文化大革命の進展とともに勢力を伸張したいわゆる四人組（江青、張春橋、姚文元、王洪文）は、周恩来や鄧小平らの改革路線を批判してきたが、一九七六年の毛沢東の死の直後の一〇月初め、逮捕された。

青嵐会が条約調印に激しく反対する。要するに、日本政府は国交正常化のときと同様、また尖閣の領有権を棚上げして、問題をあいまいにしようとしていると非難したわけです。中国漁船が大挙して押し寄せる前の三月の自民党総務会で、この問題に決着をつけて臨むべきだという意見が噴出しました。さらに、日本の実効支配を強化するための措置として、自民党総務会は、尖閣に船だまりを造り、灯台を造るなど四項目の決議を出した。

これに対して、当時の園田直外相は「我々は棚上げをした覚えはない」と答えています。当時は、自民党の右派が「棚上げした」として自民党主流派と政府を突き上げて攻撃することが常態化していました。これに対し主流派はつねに棚上げをした事実はないと答える。自民党内の論争は当時の日本の新聞にかなり大きく報道されたので、これを見た中国側の一部が、日本の動きに圧力をかけるため漁船を大挙して動員したのではないかとみられています。こうした実効支配強化の動きに対し、中国側が反発して「報復」に出るというパターンは、その後も右翼団体による灯台建設などの動きを含め、繰り返されてきました。

その当時、中国漁船は三、四日ぐらいでさっさと引き揚げました。棚上げ論は、政府・自民党内の意見の亀裂から生まれてきたものだから、外務省は棚上げを認めづらい立場にある。実際は棚上げをしていたわけですが。

報道の変容と「領土ナショナリズム」

岩下 メディアも報道の仕方に関して気になることがあります。中国が海洋進出をしているのは二〇〇〇年代の初めからであって、軍事専門家たちはその危険を認識していました。他方で、中国を敵視するような報道の仕方、これを脅威だと煽るような報道の仕方が自制されていたように思います。ある段階、はっきり言うと衝突事件で一変します。

岡田 二〇一〇年の漁船衝突事件ですね。

岩下 中国がやってきたことが急に変わったとは思えないのですが、あのときからすべての諸悪は中国で、中国がやっていることは何でも悪いと報道が一色になったような気がします。例えば、領海侵犯というのは国際法的にはあり得ない言い方ですが、そういう言葉まで流布して、中国叩きの報道に一変したように思います。それ以前も、東シナ海はおろか太平洋にもたくさん出ていたはずですから、昔さほど報道しなかったことを過剰なまでに報道するようになったかと感じます。

岡田 少し論点が変わるかもしれませんが、岩下さんは領土ナショナリズムの魔力、領土ナショナリズムが本当にあるのかと私の本に対する書評(「領土ナショナリズムとの闘い方、教えます」『中国研究月報』二〇一二年六月)で書いておられます。これは領土ナショナリズムの定義にもよりますが、国民や世論あるいは国民の意識のなかに、それほど領土意識があるわけではないと指摘していますね。

岩下 とくに日本についてということですが(笑)。

岡田 その領土ナショナリズムを、どのレベルで見るべきかというのが私の問題提起です。例えば、メディアに現れた論調は、まさしく領土ナショナリズムと言っていいと思います。この間、朝日新聞の北京特派員が、わりといいエッセーを新聞に載せていました。つまり領土問題、尖閣問題について外務省の言うことだけが正しいわけではなく、色々な主張があってしかるべきだと。しかし彼はこの文章のなかで「領土を守るということが死活的国益であることは言うまでもない」と書くわけです。こう書かないと、デスクが通さないか、あるいは読者から批判される恐れがあるから書いているのではと思うわけです。

岩下　その話は、岡田さんが私の書評への返事として私信のなかで書かれたでしょう。若宮さんたちとジャーナリスト・セミナーをやるタイミングだからちょうどいいと思って、いまの話を使わせてもらいました。要するに、記者たちは領土が死活的利益であると、これは当然我が国の領土であるとか、必ずお断りを入れるけど、これは本当にそう思って言って書くのかどうかと。エクスキュースのために書いているのか、それとも本当にそう思い込んでいるのかどっちかと若宮さんに訊いてみました。

岡田　僕はエクスキュースで書いていると思うけど。

岩下　その人はそうかもしれないけど、どのぐらいの記者が意識的にエクスキュースだと自覚して書いていますか。

岡田　それは誰かの圧力があって、そう書かざるを得ないのではなくて、そう書かないと、お前は誰の味方をしているのかと叩かれることを危惧しているのではないか。叩かれるのを避けたいという意識が、無自覚に働いている。

岩下　それも問題ですけど、そもそもこういう理解そのものが問題だとさえ思わず、当然のように書いている記者も多いのでは？

岡田　もちろん。それが私の言う思考停止であり、これが「領土ナショナリズムの魔力」です。つまり「取られたらまずいよね」と、被害者意識を駆り立てる。それによって「守るべき」という意識を無条件につくり上げていく。いったい何を守るのか、そもそも我々が主張している領土というのは歴史的にも本当に正当性があるのか、そういう思考を経ていない。要は思考停止です。

岩下　もし「領土ナショナリズム」という言葉をメディアの思考という意味で使うならば、私も一〇〇％賛成です、必ずそうなりますから(笑)。

岡田　そうです。だいたい北方領土問題がそうじゃないですか(笑)。

岩下　でもそれにはやはり理由があって、さっきのジャーナリスト・セミナーでは、結局、会社のなかで組織としてやっている限り、自分で書いても上に直されるという話です。

岡田　その一例を言いますと、二〇一〇年九月の尖閣の漁船衝突事件と、二〇一二年八月の李明博(イ・ミョンバク)韓国大統領の竹島上陸。これを契機に日本のメディア報道で大きく変わったことがあります。それは、尖閣諸島と書く前には必ず「沖縄県の」という形容詞を入れなければいけない。それまでは、尖閣諸島の後に必ず(中国名　釣魚島)と入れていたのに、中国名はつけなくなった。

岩下　最近ですか。

岡田　そうです。二〇一〇年九月以降です。それから竹島を報道するときも「島根県の」と必ず入れるようになった。

岩下　でも「北海道の択捉島」とか言いませんよ(笑)。

岡田　笑い話がありまして、最近はこんな原稿が出るようになった。「中国外務省報道官は〇〇日、沖縄県の尖閣諸島問題について「〇×…」と語った」と。こんな書き方、馬鹿げているでしょ。これは明らかに尖閣諸島の前に「沖縄県の」という形容詞を振ることで、読者の意識のなかに、尖閣諸島は沖縄のものであるという意識を刷り込んでいく効果を狙っているわけです。

岩下　中国人が「沖縄県の」と言うわけないじゃないですか。

岡田　言うわけがないでしょう、これは誤報ですよ。発言が本当だったら、中国が尖閣を日本領と認めたというスクープです。李明博が行ってから、竹島にも「島根県の」がつき始めた。ちょっと問題がずれて恐縮だけど、たぶん日本のメディアの体質は、時の権力に従順という意味で、戦前からあまり変わっていない。いわば「体制補完物」なんです。

岩下　それをエッセーで書いてくださいよ、「北海道の国後島」と言うのか、あほらしいと(笑)。聞いたことがない。誰も言わない。そんなことを言ったら北海道の人は笑います。北海道の国後島って、いまさら何をという感じもあるし、千島列島と北海道は同じだったかとか。

岡田　話を戻しますけど、先ほどの件は無意識のうちに書いている人もいるだろうし、書いても上司に通らないと判断してそうする人もいるだろうし、色々でしょう。しかし、政府の主張、あるいは外務省が主張する領土論に異議を唱える議論を展開することにためらいがあるという体質が日本のメディアにあることは間違いない。とくに領土の場合は、たぶんグローバル化が急激に進み国境の垣根が低くなるなかで、だんだん見えなくなる国民国家という時代のなかで、領土は国家が可視化できる数少ない象徴ですから。

ナショナリズムと被害者意識

岩下 最初の「生活圏」の議論が重要なのは、領土といった場合にこれを守るという発想は、ある種、人間の本能的な縄張りとか、自分のもっている空間を確保したい根源的な欲求から始まります。自分の家を守れみたいな発想と響きます。しかし、実は本当はずれがあり、そこに暮らしている人にとっては、生活空間というのは一様なものじゃなくまだら色ですよね。それを領土という言葉で平板化してしまいます。

岡田 そうですね。

岩下 だから生活圏という主張を身体性を伴ってやると、このまだらの違いが見えて、領土という言葉でいっしょくたにされにくくなると思います。いまの地図は、白か黒に色分けされます。うちのものでなければ相手のもの、相手のものでなければうちのものと。しかし、これは実際の空間の利用とは一致しません。難しいのはこれが時代によって変わることです。昔の空間といまの空間はまたかなり違います。例えば、島を考えたときに、島は一体ではない。海上交通で人が往来する時代には、違う島でも海が近いと船で行き来して島を越えて生活圏をつくり、同じ島でも反対側は陸でつながっていないから、関係がない。

ところが陸路ができてつながっていくことで空間のあり方が変わります。この問題を政治地理学では「領土の罠」として議論します。視覚とか地図で見て考える空間は必ず本来のものと違っており、何らかの罠にかかる可能性に絶えず留意しなければならない。島を分けるのが良くないとか、例えば北方領土の面積折半論で択捉に陸上国境を引くのは良くないというのは、この「罠」にかかっており、島がひとつという観念にとらわれています。もっと柔軟な思考ができると思います。

そこで領土ナショナリズムと地元の話に戻りたいと思いますが、ナショナリズムと言うとき、思考の規定の仕方もありますが、運動の側面がある。国民運動と国家の関係とか、民族としての求心力も議論になる。領土ナショナリズムという概念は玄大松(ヒョン・デソン)*さんが竹島で提起したものです。韓国のような国だと、国民が国家に向ける力がつねに大きく、また植民地からの独立の流れがあり、その流れのなかで竹島、反日があり、下からの運動としてナショナリズムが領土問題と連動しています。しかし、日本の場合には……。

岡田　ないですね。上からのナショナリズムですから。近代国家ができてからつねにそういう傾向がある。

岩下　これはどうしてだと思いますか？　北方領土もそう、竹島も尖閣もそう。騒いでいるわりには普通の人はそれほど何も思ってないですよ、これは。

岡田 そうですね。明治政府以降の国民国家形成の歴史を見れば、日本は少なくともアジアに対してずっと加害者でした。ナショナリズムは、民族的単位と政治的な単位を同一のものとみなす立場ですよね。しかも、これは被害者意識を駆り立てることによって強まる。民族的単位と政治的単位が外部の力によって分断されたときに、これを取り戻す運動のベクトルとして働いてくる。日本の場合、アジアに対しては加害者だから、下からのナショナリズムは形成されにくいのではないでしょうか。

岩下 あと戦争に負けて、自分たちの空間に対する意識がすごく希薄になった、あまり考えなくなったというのが大きいようです。境界に対するまなざしが決定的に欠けている。これは、日本全体では境界地域と言える沖縄だってそうです。沖縄の人、あえて沖縄と言いますが、八重山の人々に対して、まったく無関心ではないですか。

岡田 そうですね。

岩下 だって八重山を併合しているのに、併合したなんて自分たちは思っていませんから。彼らが

＊玄大松　東京大学で学位を取得し、東洋文化研究所などで准教授を務めた玄大松は、日韓関係研究の第一人者である。その著書『領土ナショナリズムの誕生――「独島／竹島問題」の政治学』(ミネルヴァ書房、二〇〇六年)は、領土問題がいかに韓国で反日ナショナリズムのなかで政治的怪物化していくかを丹念に分析した好著だが、その明晰で客観的な韓国社会分析により著者は「親日派」とも誤解されている。韓国のアカデミアが自国の領土問題を学問的に研究しうるまで成熟しきっていない典型的なケースのひとつである。

もつ一種のナショナリズムと言えるものは、ヤマトや薩摩に対してのものである。これも被害者の側面のみですね。

岡田 そうですね。

岩下 次が「アメリカ世*」であり、その次がいまの状況でしょう。ところが自分たちが王朝をつくって征服していた相手にはすごく無関心で、その延長で考えれば、尖閣の問題に沖縄は本当に当事者意識をもっているのだろうかという疑問が浮かぶわけです。ところが今回、台湾との漁業取決めによって久米島の近くまでが台湾が使える水域として広がったことで、当事者としての身体性が生まれるのではないでしょうか。尖閣の問題に沖縄の人たちが本当に向き合うきっかけになるのではないかと。

するとと、その先は沖縄と台湾の、括弧付きですが地方と地方だから、その協力なりパートナーシップを通じて、北京と東京にゆだねるのではなく、自分たちにとって生活圏となった海域を一緒に管理することができるのではないかと期待します。実は基地問題も尖閣を口実にしている面があるので、基地問題の解決にも資する。

岡田 話題を戻したいのですが、上からのナショナリズム、下からのナショナリズムについて言えば、中国の国力が次第に増して、二〇一〇年に国内総生産(GDP)が総量で日本を上回った。つまり大国の勢力移動のなかで、ナショナリズムが意識されてきているのは間違いない。

日本人のなかに被害者意識が出てきている。島を隣の大きな国に取られるという意識が煽られており、ナショナリズムをつくり上げようとする国家主義者たちがいるのです。とくに東京都による尖閣買収のアピールから、これを国有化する過程もこの文脈のなかで位置づけなければなりません。これを意図する国家主義者たちは被害者意識をばねに、下からのナショナリズムをつくり上げたいと思っているのは間違いないでしょう。それが成功しているかどうかは別にしても、少なくとも政府および共犯関係にあるメディアが、この動きを側面支援しているのも確かですね。

国境離島の苦悩と模索

岩下 現地の話にいきます。本のなかでも書いてありますが、国境離島、例えば、対馬とか与那国とかはつねに国家に見捨てられている感覚があります。僕らみたいなソフトなネットワークで国境地域同士きちんとつきあいましょうよという運動も歓迎されますが、同時に領土を守れというタカ派の人たちが来るのも、島に注目してくれているわけですから基本的に歓迎でしょう。両方とおつきあいされていると思います。どっちとつきあっても、結局は自分たちの利益になればいいわけで

*「アメリカ世」 沖縄では、一八七二年の明治政府による(約四五〇年間続いた)琉球国の解体と琉球藩設置および一八七九年の廃藩置県による琉球藩廃止と沖縄県の設置を「ヤマト世」の始まりとし、ここから第二次世界大戦開戦までの七〇年を「日本人化」の過程として捉えている。一九四五年九月七日の降伏文書調印式で沖縄戦が正式に終結したことにより「ヤマト世」が終わり、一九五二年のサンフランシスコ平和条約により、沖縄が正式に日本から分離され、アメリカの施政権下に置かれたことで「アメリカ世」となる。

すから。ただ、これは与那国町長も対馬市長もそう言うのですが、後者は「領土の保全」ばかりだと不満をもっています。例えば、島を自衛隊に自由に使わせろとか、基地を使わせろとか。ここには「振興」への視座が欠けています。「保全」は中央のコンセプトで必ずしも地元の言葉ではありません。つまり、中央は、島を国境を、砦にしようと考えています。だがそうなると人が暮らせなくなります。

岡田　でも対馬市長が言っているのは「防人の思想」じゃありませんでしたか？

岩下　防人ではあるのだけれど、交流もなければならない。対馬の市長は両方が必要だと考えています。島はゲートウェイにならないと人々は暮らせない。

岡田　とも言っていましたね。

岩下　だから、このジレンマのなかで、どちらに重きを置くか。明らかにゲートウェイになった方が繁栄します。現地は両輪を使い分けます。我々のつくっているネットワークはゲートウェイを目指すグループ、向こうは砦にしようとするグループ。現地にとってどちらがウエルカムかというと、それはゲートウェイの方です。

岡田　そうでしょうね。

岩下　自分たちが主体になれますから。与那国もそうです。自衛隊誘致派と反対派を二分法で捉えるメディアがあるけど、そうではない。与那国町長は本当に苦しみながら、両輪をにらんで舵をとろうとしている。自衛隊が一〇〇名程度、与那国に来たからといって戦略的な関係には影響はありませんから、これだけでは砦にはなりません。町長も国境の島としてこれを活性化するために、自衛隊を振興事業のひとつとして見ています。これはこれで自衛隊誘致を振興事業と見るとはどういう了見かとタカ派から批判されていますよね。「振興」と「保全」の板挟みになっているわけで、与那国の政争を他人事のようにたきつけたり、冷やかしたりする人たちにはまず島に行ってほしいと思います。役場に電話がかかってくるそうです。「もう与那国をこれから応援しない」って。与那国に来たことのない都会の人からですよ。役場では丁寧にまず一度、島に来てくださいと答えるようです。

岡田　現実には予算もついて、陸自配備が始まっています。あれは二〇〇五年の日米安保協議委員会の「2＋2」閣僚会合が契機でしょう。あのとき、日米安保の戦略目標のなかに初めて「台湾問題」が入り、島嶼防衛は第一義的に日本が負うべきだとする文言が入ります。与那国を含む南西諸島方面に自衛隊配備の打診を始めたのは、二〇〇四〜〇五年頃からです。島を「防壁」にしたいと考える人たちがかなり意識的に与那国へ入るのも、その頃ではなかったでしょうか。

例えば、「チャンネル桜」という民族主義者のグループが、与那国や石垣など八重山の取材を熱心にやるのもその頃からでしょう。

岩下　だけど与那国に陸上自衛隊が一〇〇人、二〇〇人来て、中国がそれほど何かを気にしますか。台湾は気にしますか。

岡田　自衛隊の配備を「振興」と結びつけるのは、原発立地のための交付金を思い出します。安全保障という国家の論理と地域振興を同一次元で論じるのも無理がありませんか。町長の個人的願いはともかく、自衛隊配備をめぐっては町は二分されていますよね。

中国は自衛隊配備の目的が、尖閣諸島と中国軍の監視であることはよく知っています。台湾の政権内に、自衛隊の配備計画が明らかになった段階で、中台関係がこんなに良いのだから配備の必要なんてない、反対だと言う学者や当局者がかなりいました。また与那国島の三分の二の上空が、台湾の防空識別圏（ＡＤＩＺ）として設定されてきた問題もありましたからね。ＡＤＩＺを与那国が取り戻したときも、台湾側は「勝手に変更するのは認めない」と抗議しました。それほど強い抗議ではありませんでしたけど。あれはアメリカが一九五四年に引き、沖縄返還が事実上決まった一九六九年に日本に引き渡したものです。ＡＤＩＺは国際法上の規定があるわけではありませんから、勝手に引くことができます。領空や領土とは関係はありません。

ところが最近日本のメディアは、防衛省の発表を受けて、中国機がＡＤＩＺに入ったのに対し、航空自衛隊がスクランブルをかけたのは「今年何回目」という報道をする。読売新聞、産経新聞は、中国向けのスクランブルが最大という見出しでした。一方、中国は二〇一三年一一月二三日、尖閣上空を含む東シナ海の広い空域に彼らのＡＤＩＺを設定したため、日本のメディアは「開戦危機！日米同盟ｖｓ中国空軍」などと、今にも空中戦が始まりかねないかのような空騒ぎをしました。日本政府は、中国のＡＤＩＺは日本のそれと大幅に重なるとして撤回を要求していますが、中国側は日本がＡＤＩＺを撤回するなら考えても良い、と応じています。彼らの主張は、日本のＡＤＩＺは

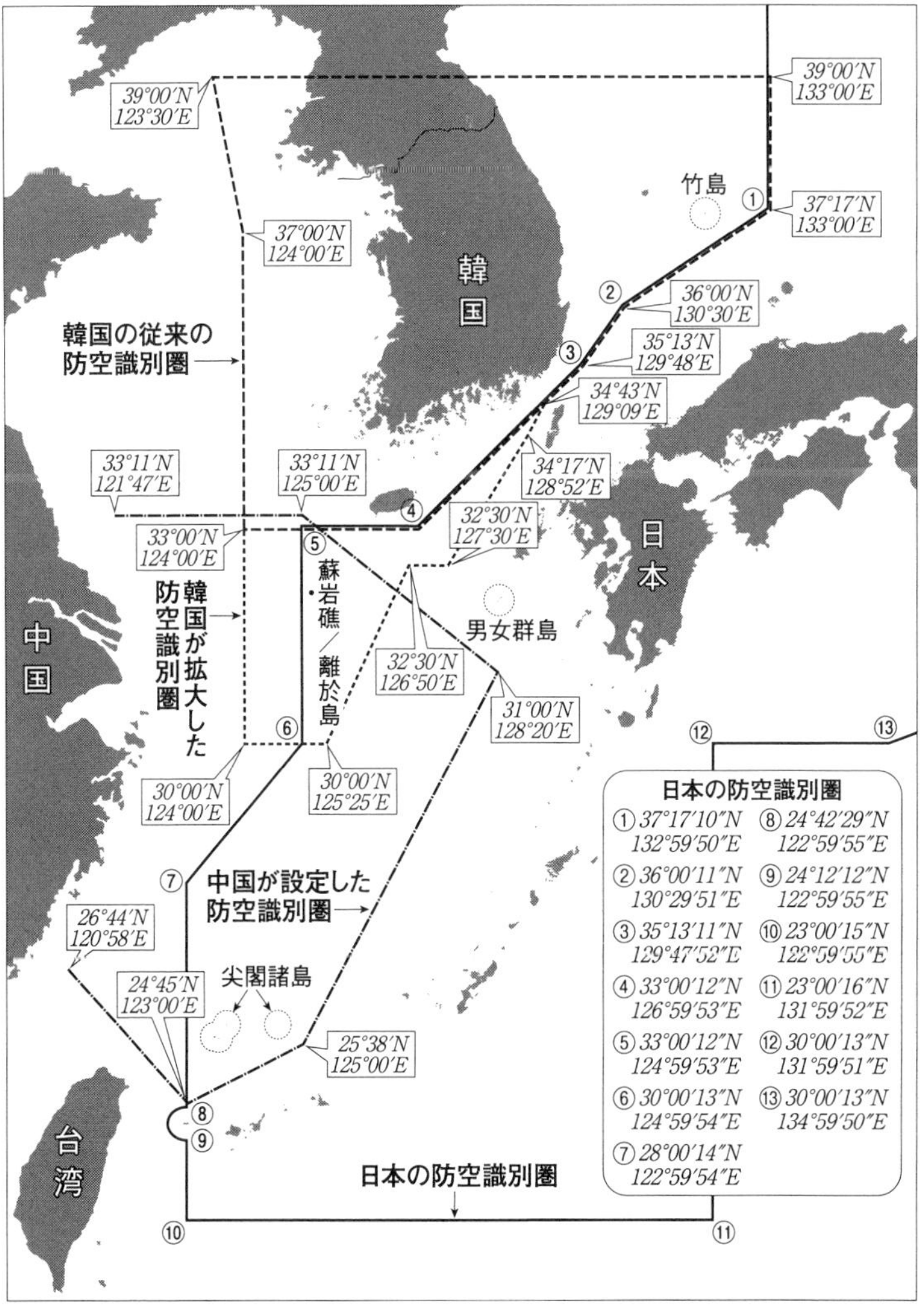
39°00′N
123°30′E
39°00′N
133°00′E
竹島
①
37°17′N
133°00′E
37°00′N
124°00′E
韓
国
②
36°00′N
130°30′E
韓国の従来の
防空識別圏
③
35°13′N
129°48′E
34°43′N
129°09′E
34°17′N
128°52′E
33°11′N
121°47′E
33°11′N
125°00′E
④
32°30′N
127°30′E
33°00′N
124°00′E
⑤
蘇岩礁／離於島
日
本
韓国が拡大した
防空識別圏
男女群島
中
国
32°30′N
126°50′E
31°00′N
128°20′E
⑥
⑫
⑬
30°00′N
124°00′E
30°00′N
125°25′E
日本の防空識別圏
① 37°17′10″N 132°59′50″E
② 36°00′11″N 130°29′51″E
③ 35°13′11″N 129°47′52″E
④ 33°00′12″N 126°59′53″E
⑤ 33°00′12″N 124°59′53″E
⑥ 30°00′13″N 124°59′54″E
⑦ 28°00′14″N 122°59′54″E
⑧ 24°42′29″N 122°59′55″E
⑨ 24°12′12″N 122°59′55″E
⑩ 23°00′15″N 122°59′55″E
⑪ 23°00′16″N 131°59′52″E
⑫ 30°00′13″N 131°59′51″E
⑬ 30°00′13″N 134°59′50″E
⑦
中国が設定した
防空識別圏
26°44′N
120°58′E
尖閣諸島
24°45′N
123°00′E
25°38′N
125°00′E
⑧
⑨
台
湾
日本の防空識別圏
⑩
⑪

日中韓の防空識別圏

福建省から一三〇キロの至近距離まで引かれているのだから、我々も沖縄本島から一三〇キロまで引いた、というものです。いわば意趣返しですね。日本政府もメディアも、自分たちの行為、自分の足元には実に無自覚です。

ひとつ興味深い話があります。一九七二年当時の防衛庁の防衛局長が、仮に中国が尖閣をADIZに含めても「格別、不都合ではない」と国会で答弁しています。安倍首相は国会答弁で「尖閣領空が中国の領空であるかのごとき表示で受け入れられない」と非難し、撤回を求めていますが、七二年当時の防衛当局の認識は全く異なっていました。こういう事実は知っておいた方がいいと思います。

こういう報道をしていくと、防衛識別圏があたかも領空であるかのように勘違いする人が多いのではないでしょうか。

尖閣問題の今後

岩下　尖閣問題、どうやって解決しますか、できないとしても、どうやってこれ以上、悪くしないようにしますか。

岡田　領土というのは絶対的で排他的な概念ですから、これを政府と政府、国家と国家の論理で正面から論じても、たぶん結論は出ないと思います。差し上げる(譲渡)か、力ずくで奪う(戦争)か。あとは棚上げ、目立たないようにするしかないわけです。二〇一〇年の漁船衝突事件まで、日中間には色々波風は立ったけど、最終的には目立たせずにやっていこうということで、棚上げの暗黙合意がありました。その微妙なバランスが二〇一〇年で崩れた。いま中国が狙っているのは共同管理です。実は二〇〇八年の東シナ海ガス田開発の日中合意*のときに、中国側は尖閣周辺海域も共同開発地域にしたらどうかという提案を内々にしました。日本が蹴ったわけですが、実際には、最終的には尖閣周辺での共同開発をやらざるを得ないだろうと、外務省トップも理解していたようです。

ガス田開発には探査を含め莫大なお金がかかり、日本側はやる気がありません。中国側はいくつかやっていますが。だから共同開発、共同管理以外に選択肢はないように思います。ただ具体的にそれが日本にとっていかほどの利益になるのか、領土問題で依然激しい争いが続いている間は、中国側に譲歩する選択というのはほとんどないと思いますが。

岩下　しかし、それに尖閣も含むとなると、尖閣は日本の領土だと言い続け、領土問題などないという議論とはかなり本音が違いますね。

岡田　そういうことです。だから日台漁業取決めに話を戻しますけど、あれは完全に尖閣一二カイ

*二〇〇八年の東シナ海ガス田開発の日中合意　東シナ海ガス田は、日中両国の排他的経済水域内にあり、日本が日中中間線を境界と主張するのに対し、中国は大陸棚延伸論に立ち沖縄トラフまでを主張するため今日まで対立が続いている。一方で二〇〇八年六月、日中両政府がガス田問題で、白樺(中国名・春暁)への日本の開発参加、翌檜(中国名・龍井)南側の中間線をまたぐ海域での共同開発などに合意した。しかし、その後の日中関係の悪化により、議論は進んでいない。

りを除いて、周辺で台湾漁民が漁をすることはオーケーというものです。台湾に事実上共同管理を認めているようなものです。領土問題は棚上げです。「一二カイリのなかでも操業させろ」と要求している台湾の勢力もいるようですが。

岩下　主権問題として言うと、あれは台湾が領有権を譲ったかたちには必ずしもならないですからね。取決めは排他的経済水域に関わる部分と書いてありますから、一二カイリの部分は最初から取決めに入っていません。つまり、なんとでも言える。

岡田　そうです。だから台湾側の地図も日本のそれと同様に、一二カイリの部分は白抜きになっています。こういうことが可能だということです。中国とも最終的にはそういう方向になるかもしれないけれど、いまは無理ですね。

岩下　中国との関係で尖閣を棚上げに戻すのに、国有化のままでやれますか。

岡田　日中間の領土ナショナリズムは、「領土問題」「歴史問題」を離れ、軍事衝突の危険をはらむ「安保のジレンマ」に発展しつつあります。そこで、衝突の危険を防ぎ、「ゼロ以下」の価値しかない島をプラスに転化するため考えていることがあります。それは尖閣諸島を、沖縄・石垣、台湾・宜蘭、中国・福建省の三自治体で構成する「海洋平和特区」に指定し、利用・管理を特区にゆだねる構想です。国家の海を人の海に戻す試みでもあります。「荒唐無稽」や「空想の産物」あるいは「血迷ったか」まで、ネガティブな反応ばかりが頭に浮かびますが。想像力とは、いまは見えない遠くにあるものを引き寄せて見えるようにする力だと思います。国家を主体とする旧い国際政治の枠組みをいったんバラバラにしないと、新しい出口は見つからない。目的は、この海域を共通の生活圏としてきた人々が、境界を越えて利益を得る枠組みをつくることです。利用と管理を日本、中国、台湾に属する三自治体でつくる特区にゆだねるのは国家ですから、それぞれが主張する「主権」の主張は相互に否認されません。その意味では新たな「棚上げ」であり、「一島各表」（島の主権は各方が表明）と言ってもいいですね。詳細は詰めていませんが、一二カイリは非武装地帯とし、公船の立ち入りを禁止する。環境・資源調査を先行し、利用・開発計画を定めるというのが概要です。ただ政治の表層では、まだ対立局面が継続すると思いますが……。

岩下　いまのような状態が続くということですね、当面は。

岡田　中国側は「持久戦」の構えです。当面は続くでしょう。

第五章　「売国奴」からのメッセージ

天児　慧

（聞き手　岩下明裕）

（二〇一三年八月二九日）

大国主義化する中国に物申す

岩下　お会いする前にと思い、ご著書(『日中対立――習近平の中国をよむ』ちくま新書、二〇一三年)を札幌から東京に向かう飛行機のなかで読み直していました。前も一度ざっと読んだのですが、再読してあらためて思ったのは、どうして天児先生は「売国奴」と言われるんですか。

天児　ねえ(笑)。私はわりと先のことを考えながら現在を語る人間で、例えば尖閣問題の対立解消の私案としての「共同主権論」の提唱などがそうです。そういう意味ではごりごりのリアリストあるいはイデオロギー右翼にはついて来られないところがあるのかもしれないですね。ただ、私自身は先取り的に色々な主張をしますが、現実を踏まえているつもりです。そういう意味では現実主義的な理想主義者なのかもしれない。

岩下　今日、「国賊」と「売国奴」の対話なので、ここから入りたいのですが、この本は何か中国に物申すトーンですね。パワーポリティックスをベースにアメリカを巻き込んで対抗するといった感じで。先生は昔、もっと中国に優しかったような気がしますが。

天児　それは言われますね。僕は自分のスタンスが変わったとは思いません。むしろ、中国が変わったと。一九七〇年代まで遡る必要はないけれど、中国が八〇年代、九〇年代に模索し、主張してきたものと、ここへ来て自信というか過信というか、これをベースに強硬な外交をやっていることを比べると、少し前に中国が言っていたことはいったい何だったのかと自問します。例えば、新国際政治経済秩序をつくろうと言ってきた。これは鄧小平が八〇年代の終わりに提唱して、一貫して中国は主張してきたもので、国の大小、強弱、貧富を問わず、公正、平等、互恵の国際政治経済秩序をつくろう、こう言っていたわけです。

ところが九〇年代から急激な高度経済成長と、軍事力の増強が続くようになり、二〇〇〇年代に入り、中国の主張が大国主義的なものになってきて、二〇一〇年の少し前から、韜光養晦（トウコウヨウカイ＝表に出ないで力を醸成する）の外交方針をアメリカに対してはいまだ維持するが、他の国には適用しないと言ったりする。実際の行動もその通りでとくに周辺諸国への強硬外交が目立ちますね。しかし軍事力の問題、国内矛盾の問題、これらを見据えて中国に対して我々としては物を言わなければならないと思い、今回の本では非常に厳しい言い方をしています。

ただ分析してみると、尖閣問題は大きな契機とでも言えます。なぜ尖閣で中国があれだけ強硬に出てくるのかは色々理由があります。きっかけは確かに日本側が失敗した部分もあるけど、これをひとつの手がかりにすごい勢いで、これまでの日中関係を壊してでも自己主張しようとする態度を取ったのはなぜか、これがポイントです。

それを分析していくと、戦略的な意図が中国の尖閣をめぐるイシューのなかに見えてきたわけです。

岩下　いまの言い方ですと、中国が強硬外交に変わったから、これに対して厳しく冷静に分析し自分の意見を論じたということ、一九九〇年代から二〇〇〇年代前半までの中国には肯定的な側面も強かったということですね。

天児　そうです。東アジア共同体の議論*を中国は比較的まじめにやっていました。二〇〇五年ぐらいまでは、同時に国際社会の認識では基本的には多極化論も主張しましたから。多極化を進めていく、バランスの取れた国際秩序をつくろう、そのなかに東アジア共同体が位置づけられていたと思います。

それを捨てたわけです。そして中華民族の偉大な復興という主張が全面的に出てくる。二〇〇五年にクアラルンプールで東アジアサミットをやったときに、中国と日本が参加国*をどこまでに広げるか論争しました。ＡＳＥＡＮ10＋3を言う中国と、10＋6を言う日本の対立と見られましたが、あのとき結局、中国は両方を認めました。つまり、ＡＳＥＡＮ10＋3をＡＳＥＡＮ首脳拡大会議、東アジアサミットを10＋6として、いずれにせよ拡大路線を取りました。私はそのとき中国はもう本気でこれまでのような東アジア共同体をつくる意志はなくなったと思いました。彼らは放棄したのだと。そこから大中華の考え方にシフトしたと考えます。二〇〇五年が転機です。

大国主義の来歴を問う

岩下 その場合、ふたつ確認したいのですが、中国がナショナリズムに傾斜していくのは、ソ連が崩壊した後、社会主義だけではだめだとして江沢民のときにありましたよね。これが始まりだとす

＊東アジア共同体の議論 一九九七年の「アジア通貨危機」が起こった後、東アジア各国ではこうした問題に対処できる自分たちの機構、枠組みを創設しようという動きが起こった。橋本首相時代に日本が提唱したアジア通貨基金の提唱などである。東アジア共同体の提唱国マレーシアはもちろん、ＡＳＥＡＮ、金大中韓国大統領、エストラダ比国大統領などアジア各国の首脳は積極的で、小泉首相もこの話に前向きだった。中国でも二〇〇四年頃までアジア共同体の議論が外交部、学者などの間でさかんになされていた。国をまたいでの議論もなされるようになった。そして東アジア共同体を実際に進めようとして提唱されたのが二〇〇五年一二月のクアラルンプールでの第一回東アジアサミットであった。

＊ＡＳＥＡＮ10＋３を言う中国、10＋６を言う日本の対立 第一回東アジアサミット前に東アジア共同体の参加国をめぐる議論が始まった。従来はまずＡＳＥＡＮ＋日中韓３がコアになって、そのうえで次の段階の発展を考えるというのが一般的な理解であった。しかし中国の急激な成長、大国化に加えて日本でのバブル崩壊、失われた二〇年の彷徨などが起こり、ＡＳＥＡＮ＋３では中国のイニシアチブが強く出すぎてしまうという懸念が日本のなかに強まり、さらにその背後でアメリカは「アメリカ外し」の懸念を強めるようになった。そこで日本は、ＡＳＥＡＮ＋３にさらに豪州、ニュージーランド、インドを加えたＡＳＥＡＮ＋６を主張するようになった。第一回東アジアサミットでは日中があい譲らず、結局ＡＳＥＡＮ拡大首脳会議はＡＳＥＡＮ＋３で、その後に開く東アジアサミットはＡＳＥＡＮ＋６でという妥協の産物となり、その後東アジアサミットはアメリカ、ロシアなども入れた拡大会議となり、共同体に向けた動きは薄まっていった。中国はもはや東アジアサミットから何か共同体的な枠組みを考えるということを放棄し、現在では「大中華圏」構想の実現に走っているように見える。

ると、二〇〇五年との連続性をどう考えますか。もうひとつ、より広いスパンで見たときに、中国はもともとそういうことを考えていた国で、単にそれを実現する力がなかったからやらなかっただけで、生き延びることが主眼だったけれども、やれるようになったからやり始めたに過ぎないという見方もできます。後者について言えば、そんなことにいままで気付かなかった中国学者は何をやっていたのかということになりますが。

天児　それはある。最初の方ですが、ソ連崩壊後の愛国主義の論議は、ある意味で、国内的な方法や政策のひとつで、社会主義というコアな考え方が崩壊して、もうナショナリズムで統合していくしかない、そういう意味合いでの愛国主義ですね。内向きな愛国主義の議論です。ところが力が強くなってきて、いま、主張している愛国主義は、世界に向けて自己を主張する愛国主義です。それはまったく異なるものではないけれども、使う目的がかなり違ってきていると思います。

岩下　決定的な転換点が二〇〇〇年代の半ばぐらいと。

天児　そう思います。だから東アジア共同体を本気でつくろうとしていた頃は、王毅あたりが積極的に書いているけれど、各国が平等な立場で参加するとか、ＡＳＥＡＮを運転手にして我々がエンジンになるとか、言っていたわけです。ところが、いまはやはり中国が中心だと明確に自己主張している。

岩下　後者はどうですか。私はソ連研究者だったのでよくわかるのですが、ソ連は色々なきれいなことを言うけれども実際やっていることは力で押していくだけだという見方があった。これを踏まえると、すごくリアリスティックに考えれば、中国も本当は力の論理で動いてきたけれど、その行動の説明の言葉がそうではなかっただけであり、社会主義の言葉を使っていたから、学者たちはそういう意味に受け止めなかっただけだと。社会主義の言葉を使う必要がなくなり、それに力もついてきたから、非常にわかりやすいパワーポリティックスを見せ始めたのではないかと。こういう見方もできるのではないですか。もともと中国はそうだったのだ、これを見抜けなかったのか、中国学者のみなさんたちは、といった主張があると思いますが。

天児　僕は遡及的にたどって、もともと変わらないものがあったという立論はできないことはないと思う。ただ、時代時代で中国なり、中国だけでなく日本もソ連もそうだと思うけれども、やはり本当に目指そうとしたものがあり、力量的にいまはそれが実現できないからオブラートで隠してきたという見方は単純化し過ぎると思います。

トップリーダーが仮にある国を動かしていくときに、例えば毛沢東なら毛沢東がいま考えていることと、その将来を結びつけていく思考はあるにしても、最も大事なのは現在をどう生きるかというか、現在をどう切り抜けるかだと考えるのです。これが一番大きな課題でしょう、リーダーにとってみれば。

例えば、文革のとき毛沢東がやろうとしたことは、単に劉少奇や鄧小平をやっつけるためではなかったのと同様に、鄧小平が改革開放に突き進もうとしたときにもそうですが、目の前にある貧しい中国を見てこれをどうするかが出発点だと思うわけです。権力闘争だけですべて説明するのは間違っていると思います。

戦略的な思考はあるけれども、その戦略論の最初には、現実のなかでどう現状を変えて克服をしていくかが大きな動機になっていると見るべきです。そういう意味では、歴史を考えるときに、目の前にあるものに対してどう克服するかという点では連続性があるし、他方でその下に脈々とつながっている民族感情や広い意味での社会構造の問題もある。両方を見なければならないのではないでしょうか。

マッチョな中国の内部矛盾

岩下　いまはその両方は非常にマッチして、中国がマッチョになっているということですか(笑)。

天児　そういうことだと思う。でも、これもリーダーたちの幻想かもしれない。というのは、僕に言わせればこれだけ経済が発展しているにもかかわらず、内部に非常に大きな矛盾を抱えている。日本も欧米の国々の例を見ても、経済を発展させるために労働者に過酷な労働を強いることは歴史のなかでありました。しかし、国家がそういうなかで変化していく、経済発展する過程で矛盾を生み出すが何とか工夫しそれを解決する仕組みができてくる。労働時間を短縮し、労働条件を改善していく動きとか、人権を保障するような制度、政治参加の拡大なども経済の発展のなかで取り組まれてきたわけです。欧米も日本もそうでした。

ところが中国を見ていると、矛盾を封じ込める、様々な矛盾が出てくる度に力でそれを叩く、矛盾そのものの解決に取り組まないで経済成長だけに集中するというかたちで発展をしてきたわけだ。矛盾が深まり続け、これが今日非常に深刻な問題として表に出始めてきたと僕は考えるから、中国が本来もっていたナショナルな大国志向がまさにいまマッチョに外に向けて出てきているけれど、果たしてこうしたやり方でこれらの矛盾を解決できるかというとできないと思う。

反中国包囲網は可能か

岩下　いまの話はすごくよくわかりました。中国の評価としてはそうかもしれません。でも私がびっくりしたのはご本の二六〇頁のあたりで「安倍政権が進めている外交を評価したい」と書いていることです。しかし、「中国以外の国との関係改善・強化を進めることは日本の外交基盤を強化することになり重要であるが、そのことで日本が率先して反中国包囲網の形成を進めているとの印象を絶対に与えないことである」と解説している。印象ではなく、安倍政権はまさにそれをやっていると思うのですが。

天児　いまの日本が中国と向き合うときに、やはり力関係が変わったのです。パワーシフトは間違いなく起こったわけで、いまの日本が中国とフィフティ・フィフティで向き合うためには、ある程度、その種の連合的な仕組みをつくらなければ、中国と向き合えないというところまでは、安倍さんの理解と私の理解は一致しています。

安倍さんは、そこから先の展開として反中国包囲網をつくろうとしているのかもしれない。少なくとも周囲の連中はそう言っています。反中国包囲網をつくると。でも、これはできない話です、僕に言わせれば。

岩下　どうしてですか。

天児　できないですよ。例えば、かつてソ連包囲網をアメリカがつくると言ったとき、色々なかたちでの力の連携が可能でした。日本や西欧で力の連携が成立しました。ところがいま、安倍政権が目指す周辺諸国による連携は、対話を進め、部分的に援助しますという話であり、本当に周辺諸国が中国と全面的に対決する気があるか、できるのかと問われれば、不可能ですから。ベトナム、インドネシア、ロシア、インド、みなそう。日本、アメリカだって中国との経済や社会の結びつきを考えれば中国との全面対決などできるわけがない。

だからできないのを、あたかも反中国包囲網をつくるかのような言い方をすることでかえって効果を失う。効果を失えば対話の効果も失う。最終的には日中が対話をしなければならないのです。対話するための基礎として色々なカードをつくっておく、中国側の言いなりにならないような環境をつくるというのが僕の意図です。しかし、これは対話をしない限り意味がない。このままいけば、中国に逆襲されるだけだと思う。これを警告したくて書いたのだけど、そうは受け止められない？

岩下　あまりそういうふうには読めませんが。

天児　そうかね（笑）。

岩下　もうひとつびっくりしたのは、パワーが変わったという話で、経済的な議論はともかく軍事シナリオのところです。二五〇頁のところで日本が軍事的に不利であると書いてある。これは本当ですか。

天児　この部分は反論もありますね。私はこの面での素人ですから。

岩下　天児先生、私はこの部分があるから、もっと日本は軍事武装しろというようにこの本を読んでしまった。安倍さんをかなり応援していると。それはそれでいいのですが、「売国奴」だと言われていた先生が、どうしてそう言われるのか、まったくわからなくなりました。一般的な意味で、中国に甘いとか優しいというのがそうであれば、この本は「売国奴」と真逆の本です。もう、これから「売国奴」と言われないでしょう(笑)。これからは私の本(『北方領土・竹島・尖閣、これが解決策』朝日新書、二〇一三年)がそう言われるかもしれないけど。

天児　私が言いたかったのは、軍拡競争を煽るような軍事力の強化ではなく、まず軍事衝突もあり得るという現実が生まれるなかで、言葉だけでなく真剣に危機回避のための日中当局の枠組みを早急につくれということでした。中国にもこのようなメッセージを送りたかった。出版社はタイトルをもっとどぎついものにしたかったようだけど、僕はそれはやめてくれと頼んだ。日本にいる中国人が最初にこれを読むから、タイトルで感情論的な反発を受けたくないと。別に売れなくたっていいから……。

岩下　どういうタイトルでしたか。

天児　例えば「中華帝国の陰謀」とか。よくそんなタイトルを考え付くなと思ったけど(笑)。

現場主義で島を見る

岩下　先生は、昔、現場主義を看板にしていましたよね。『中国改革最前線――鄧小平政治のゆくえ』(岩波書店、一九八八年)はそういう本でした。でも率直に言って申し訳ないのですが、今回のものは現場主義の本ではまったくないですね。もうやめたのですか、現場主義は(笑)。

天児　やめたかもしれない。俺、最近あまり、中国に行きたくないから。

岩下　私も同じです。しかし、そこが問題になるのですが、一三四頁あたりで尖閣のことを書かれています。「鍵を握るのは台湾」と。確かにそうですが、現場で苦しんでいる人たちの顔が見えない記述です。つまり、苦しんでいる日本側の八重山の方々がいる。例の、日台の取決めはパワーポリティックスや国益の点では議論が大いにされますが、これでいかに地元の利益が損なわれたかはまだ知られていない。この取決めで、台湾側がこれまであまり入れなかった海域で(日本の監視船のプレッシャーを受けずに)堂々と漁ができるようになった。日本側の船と規模と数が違うから、共同利用になると結果的に、日本の船は力負けしてそこで漁ができなくなる。あの取決めは八重山の南側水域に入れない代わりに北を広げられたわけです。北側で南と東に出っ張った水域は、台湾が以前、要求した線より広がっているから取引の結果であることは誰でもわかる。しかも、この取決め、地元の頭ごしに結ばれたわけです。天児先生、このテーマで仕事をされるならば、ぜひとも現場主義にもう一度復帰してください(笑)。これ岡田充さんにも言いました。『尖閣諸島問題

――『領土ナショナリズムの魔力』（蒼蒼社、二〇一二年）はとてもいい本ですが、やはり「生活圏」の議論はまだ抽象的で、とくに与那国島をめぐる政争の理解は安保ではなく生活の問題から生まれてきているると。

なぜ僕がここにこだわるかというと、これを踏まえて構築していかないと、簡単に「生活圏」と言った瞬間に、抽象化され国家に取り込まれるからです。だから、これも問題ではないですか。「一個島嶼、各自表述」（一つの島嶼、各自が表現）。わざわざ中国語にされていますが。天児流中国語ですよね。中国人がこんなことを言いますか。

天児 いや、これは俺がつくった言葉だよ（笑）。この表現は中台問題からヒントを得ました。一九九一年の香港での中台非公式会談で「一個中国、各自表述」（一つの中国、各自が表現）が合意されました。以後これ自体は中台で色々論争がありますが、いずれにせよ「一つの中国」という表現を「一つの島嶼」に読み替える。これを中国・台湾側は「釣魚列島」と呼び、日本側は「尖閣諸島」と呼ぶ。それを双方が認め合うという認識上の枠組みです。主権・領有権についてはどうせ双方は譲らないのだから、主張し続けることを前提とした枠組みです。要するに、島とその海域をめぐる紛争についてひとつの枠組みをつくったうえで、具体的な漁業管理や資源開発の問題を解決する思考をもてばいいということです。いつも具体的に解決することを議論しなければ、尖閣問題が自然に解決されていくわけにはならないのだから。

ですから、大きな枠組みとして「一つの島」を認識上で共有したうえで、主権に触れずに具体的な事象に関して問題を処理していく、これが必要だと言いたい。もちろん、これがうまくいくかどうかは、テーブルに載らない限り何も予想できない。まずテーブルに互いが着くようになれば、こういう話だってひとつの方法として議論できるわけです。そのときこれがナンセンスか、もっと違ういい方法があるかを論議しようと。

岩下　でも政治地理学者として言わせてもらえば、「一つの島嶼」というのは「領土の罠」に落ちていますよ。島嶼は「たくさん」と表現しなければ。島を「一つ」と個数化すると抽象化が進み、島が「生活圏」から切り離されたバナナのように認識されます。私はいつも言っているのですが、歯舞はひとつじゃないと。竹島もひとつではないし、尖閣にいたっては、大正島までひとつのなかに入れてしまうから、一〇〇キロも魚釣島から離れているのに。ご承知の通り、近くにあるのは北小島、南小島、久場島など。この一〇〇キロというのは、五〜一〇ノットで行くとどれだけ時間がかかりますか。宮古の方がよっぽど近い。

天児　さすが現場主義だわ(笑)。ただし島嶼自体は複数個ある島々をひとつに括った概念ですよね。

「核心的利益」という言葉

岩下　もっと本質的な話にいきますね。尖閣は核心的利益ですか、中国にとって。

天児　これも言葉のあやだな。そう言うときもあるし、まったく言わないときもある。ある人は核心的利益と言うが、別の人は言わない。僕はそういう意味で中国の核心的利益だとか、基本原則は、あまり信用していない。

岩下 面白いやりとりがあって、うちのグローバルCOEプログラムで毎年サマースクールをやります。ボーダースタディーズについて。二〇一三年には、インド人で中国をやっている若手研究者が来ていました。彼が報告会で尖閣と日中関係の話をしたわけです。第三国の人がどう思っているのか、期待して聞いていたのですが、事実関係のみに終始して、自分の評価を言わない。質問されても最後まで言わない。ところがこれを聞いていた中国から来た辺疆史地研究所というまさに国境問題をやっているナショナルセンターの研究員がコメントをした。論点は、このインド人が中国は尖閣を核心的利益と言っていると事実のなかで整理したから、ここに嚙みついた。それは誰が言っているのかはっきりさせろと。メディアでは色々言われているが、それは中国の正式な主張ではないはずだと。我々はそう思っていないと。これ面白いでしょう(笑)。

天児 面白いね。

岩下 彼女に言わせれば、ナショナリスティックな動きでそういうことを言う人もいるけれど、きちんと物事を考えている人たちはそうは思っていないと。そこまで広げたら、新疆ウイグルやチベットと同じになって、中国の国益を損なうだろうと(笑)。これに比べれば、尖閣は大きな問題ではないと。確かにその通りです。核心的利益を安売りしていたら、チベット、ウイグルで大けがをしかねないと僕は思う。

天児 そうそう。僕は二〇一〇年の漁船の衝突の後に、中国側と会合をやったことがあります、北京で。そのとき外交部の元外務大臣クラスの人が来ていて、はっきり言ったの、これは核心的利益ではないと。核心的利益と我々が対外的に使っているのは台湾問題とチベットとウイグルだと。ただ、二〇一一年に入って一月か二月ぐらいかな、何かのトラブルがあったときに人民日報に確か尖閣について、核心的利益だと評論員論文か何かで出た。だから取り下げたり、ひゅっと顔を出したりするのだと思います。ただ最近、結構強硬ですね、尖閣に関しては。

岩下 台湾問題とからんで台湾の一部だからそう言っているのであれば一貫するのですが。果たして尖閣だけを切り離してそう思っているのでしょうか。

天児 強硬な議論が出るときは、領土主権を一歩も譲らないというのが核心的利益になってしまいます。しかし、中国共産党として正式にそういう宣言をしたかというと、それはないと思っている、尖閣に関しては。

岩下 岡田充さんと議論したときに、核心的利益といっても交渉可能な核心的利益があるみたいだという話が出た(笑)。

天児 いや、本当に中国についてはそのあたりをきちんと押さえておかないと振り回されます。基本原則と言うから、そう思っていたら、いつの間にか四つの基本原則が三つになっていたりする。基本原則と言っていても、そのなかに重要度の順番をつけたり、ころっと変わったりするわけ(笑)。中国流の外交術だと思う。

岩下 つまり、核心的利益うんぬんの主張をあまり心配しなくていい、そこを強調する必要はないと。

天児　だからそれに揺さぶられないために、僕は今回の本ではっきりと尖閣は日本の領土であるという主張が説得的だと書いたわけだ。これをあいまいにしていると中国側はもっと色々なかたちで突っ込んでくるんじゃないかな。

岩下　本を読む限り、尖閣が核心的利益と中国が言っているかどうかは評価していない。

天児　もちろん本のなかでは書いてない。

大国主義批判の作法

岩下　先生の本のなかで中国の大国性について触れた部分があります。「大国主義中国」と聞くと、私なんかは「大国ソ連」批判を思い出します。昔、大国主義ソ連はけしからんと批判していた人たちがいます。しかし、私は思っていたのですが、大国だと思い込んでいる人たちには大国けしからんと言っても理解されないのです。そう考えると、中国には大国主義、大国的な自意識がずっとあるのだとすれば、大国主義だから中国はけしからんと言ってみても、周囲はそう思って非難しても、相手には通じないのではないですか。

天児　いやいや、違う。おっしゃることはよくわかるし、それから中国人にもともと大国意識もある。しかし、中国は民族主義的でまた大国主義で、それがいま、表れただけのことだ、日本の研究者があまりこれを知らなかったのだという批判に対しては、これからの国際社会をひとつの大国やあるいはふたつの大国がリードできる時代ではないだろう、というのが僕の反批判だから。そうではない状況でどういう枠組みを考えるべきかと思っているわけです。

中国がある意味で歴史にこだわり、懐古主義をもち、過去の栄光を引きずっており、これを復興させたいとする主張をもつのだけど、時代錯誤です。だから中国はそもそも大国で、大国として自己主張をしたとしても、そもそも中国が一国で、自分たちの力だけで成長してきたわけではないのだから、国際社会との連携、相互依存、協力、その結果としていまがあるわけだから、これを自覚してもらわないと中国自身がだめになるよと警告しているわけです。

あるとき突然、自分たちがこれからすべてをリードしますからという言い方で、韜光養晦論を放棄するようなことをやられては、周囲の国にとっても国際社会にとっても迷惑だし不幸です。中国国内だって先ほどから言っているように困難な問題を抱えているから、国際協調、国際協力を続けなければ問題が解決するはずもない。独りよがりの中国になるならば、俺たちは知らない、むしろ崩壊した方がいいとか、そこまでいかなくても中国には非協力的な関係でいいということになれば、ますます中国国内の矛盾は先送りされるし袋小路に入る一方でしょう。だから中国の振る舞い方をもう一度自分たちで再考せよというメッセージを出したわけです。中国国内のリベラルな学者なんか同じことを言っています。僕はそれをこの本のなかで大きく主張してみたわけです。

「屈辱の近代史」認識

岩下 どうして中国はこうなったのでしょうか。成り上がりによる「自暴自棄」みたいなところもありますか。

天児 中国人のエリートたち、知識人にとって、近代史一〇〇年が屈辱の歴史だということがあるでしょう。これは日本人や欧米人には理解できない。いまやっと我々が主張できる時代が来たという気持ちの高揚があり、その裏返しで高圧的な主張があるのかと思います。もともと自分たちは偉大な民族だという意識をもっているからね。

客観的に見れば漢族だけでつくってきた中国でもないし、色々な議論ができるわけでしょう。だからあなた方だけがすごかったのではないと言えるけど、エリートたちは意識が強すぎるから。だから単純な成り上がり者ではなく、過去を屈辱の歴史として認識していることがポイントです。だから日本に対する見方が、決して協調的な見方にすぐ戻るとは僕は思わない。

岩下 中国にある日本に対する不満の根っこは、戦争の記憶ですか。侵略についての。

天児 確かにある。だから一九七二年でもう少しきちんと戦後処理をやるべきだったという意見もあるのですが、あのときはこれがぎりぎりの擦り合わせの結果だと私は思う。あれ以上踏み込んで、例えば中国が賠償放棄をすると言ったとき、日本がいや賠償しますと踏み込んだら、果たして国交正常化まで実現させていたかは疑問です。日本の国内的な反発が当然あるわけで、外交はぎりぎりの擦り合わせですから。

経済成長と矛盾の増幅

岩下 話を変えますが、私はどちらかというと中国、大丈夫かいと思っている方です。結構、国内がぼろぼろなのに、これだけ外に突っ張ると大変でしょう、国内状況。彼ら、尖閣で頑張っている場合なのでしょうか。

天児 いや本当に、さっきも言ったけど、経済発展のなかで中国は矛盾を生み出し、増幅させているのですが、矛盾を解決しながら発展するという道筋をたどらないできたツケの大きさね。

岩下 解決せずに土に埋めたりして(笑)。

天児 そう、信じられないことをやっているわけで。本当に大丈夫かなと内心思うよ。ただ崩壊するのかというと、これだけ軍事力を強化している国ですし、北朝鮮ですらまだ体制維持がなされていることを思えば、はるかに経済的にも豊かで色々な仕組みもつくっている国ですから、矛盾を深刻化させながら、ずるずるあと一〇〇年続く可能性もあるわけです。

他方でいままでは中国、とくに共産党は一枚岩だと思われてきたし、少なくとも鄧小平の時代まではでは違う議論を取り込んで一枚岩にしてきた。いまは必ずしもそうではないですね。一応、一枚岩の体裁を取っているけれど、対日関係の問題だって、関係回復をしようという議論と強硬路線がぶつかっている。ぼろぼろっとほころびが見えてきている。例えば今年の経済成長が七・五％まで本当にいって、かつ社会資本を充実させるような方向の政策が具体化すれば、もつかもしれないけど、そうでなければどうなるか。

今回、景気刺激策を出してないことは大事なポイントです。いまの国のもっている外貨準備高を見れば、景気刺激策として公共投資をやれば一応のGDPは確保できますから。だけど、今回はやらないでしょう。健全なかたちの経済運営を目指そうとしているわけです。李克強の本気度が鍵を握ります。

中国にとっての対外イメージ

岩下　もうひとつ最後に。中国の指導者とかエリート層は日本の振る舞いをどう思っているのでしょうか。例の二〇一〇年の尖閣沖事件や最近の国有化もですが、何か日本にうまくしてやられていると思っている面はないのですか。中国のイメージが日本に挑発されて、ますます世界的に悪くなっているようなところもあるのではないかと。彼らは攻めどころと思って尖閣を攻めてみれば、気が付くとデモのおかげで世界から「野蛮な国」みたいに思われたりして。欧米からイメージ悪いでしょう。フジタ社員の拘束事件とか劉暁波ノーベル平和賞とか。*中国側は石原慎太郎と野田首相がつるんで尖閣に日本が仕掛けてきたと思っているという話も聞きますし。

天児　そういうふうに見るほどの余裕もないのではないかな。中国にとっては、もっと国内的に、日本を悪者扱いして引き締めを図りたいというウエイトの方が大きいような気がする。

岩下 外のことは気にしてない？

天児 いや、気にしてないというか余裕がない。

岩下 周りからどう思われるか、どうでもいい。

天児 つい最近、中国の留学から帰ってきた学生が言っていたけど、とにかくもう日本に対する反中国包囲網批判がすごいですと。日本叩きというか、日本批判を狂ったようにやり続けて……。

岩下 日本を狂ったように叩いているのは、国内向けなんですね。外を意識しているわけじゃないんですね。

天児 だってあんまり外に聞こえないじゃない。

岩下 もともと外を意識する人たちじゃないか。

天児 ないか(笑)。

岩下 人目を気にしないから、大国は。

天児 でもエリートたちは気にするよ。習近平の二〇一二年から一三年にかけての対外的な発言は、強硬路線よりは協調路線にウエイトを置いたようなかたちが多いし。

日中関係の今後

岩下 最後ですが日中関係はどうなりますか、短期的に。

天児 短期的には経済はなし崩し的に回復する。人の交流もそれに付随して進むと思う。だが政治はまだ当分動かないでしょう。

岩下 会談も当分なしですか。

天児 両方が色々なシグナルを出していることは事実。しかし結局、日本側も中国側も勝手に解釈をしてもいい程度の柔軟すぎるメッセージでしかない。

岩下 何も出してないに等しい。

天児 そう、中国側はそれが出れば勝手に解釈して、日本が譲歩したとか言う。日本は実際に譲歩しなくてもいいけれど、何か譲歩しているかのようなメッセージ。

岩下 尖閣はやはり民営化ですか。

天児 これは君の主張だな(笑)。

岩下 先生も書いているじゃないですか、似たようなことを。

＊フジタ社員の拘束事件・劉暁波ノーベル平和賞　二〇一〇年九月七日、尖閣諸島沖での中国漁船の船長が逮捕された事件により、中国は激しく日本に反発した。中国全土で反日デモが起こるなか、九月下旬、河北省内の軍事管理区域への侵入と無許可撮影を理由にフジタの社員四人が拘束される。当初四人が死刑になる可能性があると報道され緊張が走る。中国の国際的イメージが急速に悪化するなか、二〇〇八年に民主的立憲政治を求める憲章を起草し獄中にある著作家劉暁波が一〇月にノーベル平和賞を受賞したことで、中国政府はこれを主権の侵害とまで非難した。

天児　そうそう。もう二度、書いている。でも民営化までいかなくたって、安倍さんが「尖閣問題で前政権が国有化したということで議論が進んでいるけれど、私は国有化と言ったことは一度もありませんよ。私は政府が管理をすると、きちんと管理することは必要だと思うけど、それをもって国有化と言って騒ぐつもりはありません」と言えばいい。

岩下　そんなことを言ったら安倍さんが日本の右翼に叩かれます。いまでさえ、お前、選挙前に言ったことを全然やってないと言われているのに。靖国にもすぐには行かないし、公務員も尖閣に常駐させない。あいつは言ったことをやらないと批判されている。ところで靖国と尖閣は取引可能ですか。靖国に行かないから尖閣を何とかならないかと果たして中国に交渉できるものですか。

天児　難しいね。

岩下　安倍さんが靖国に行ったら、対中国関係が悪くなるのは確かだけど、行かなかったから尖閣が動くという話ではないですよね。

天児　尖閣とは離れるけれども、安倍さんと靖国の問題に関しては、先日、共同通信のインタビューを受けて答えた話を紹介しておきましょう。要するに、八月一五日の安倍総理メッセージで、アジアへの侵略戦争の問題に触れない、不戦にも触れない、これは安倍さんの右傾化を意味するのかと尋ねられたから、これは国内向けのメッセージだと僕は答えたわけ。対外向けには彼が靖国に行かなかったという行動がメッセージだと。この両方をセットとして見なければいけないですよと話をしました。これは中国側に伝わっていると考えています。

岩下　伝わっている？

天児　ある中国政府のブレーンが、要するに私が言ったことと同じようなことを読売新聞に書いていた。安倍さんが靖国に行かなかったということが、我々に対するメッセージだと。だから取引しようと思ったら、政治だから何でもできるのでしょうが、尖閣問題については日本側が何かメッセージを別に出さないと動かないでしょう。動かないことに決め込んでいるようですが、それで事態は改善される見通しが立てられるのですかねえ。世界はまあ日本も中国もどっちもどっちという見方をするでしょうね。そして中国当局の日本批判キャンペーンは国内的には反日感情を高め、日本イメージをますます歪めていくでしょう。大局的な見地に立って物事を考えれば、こうした状態はまったく非生産的で将来を暗くするものだということが日中の指導者にわからないのでしょうか。

＊安倍首相の靖国参拝　公約に掲げていたにもかかわらず、第一次内閣期（二〇〇六年九月〜〇七年八月）に参拝を果たせなかった安倍晋三首相は、自民党の総選挙大勝を受け、二〇一二年一二月に第二次内閣を組閣した後、タイミングを計っていたとされる。「安倍は口ばかりで何もしない」という保守支持層の反発もあり、普天間移設を沖縄県知事が受け入れ表明した翌二〇一三年一二月二六日に電撃的に訪問し、「恒久平和への誓い」を表明。中韓はおろかアメリカの厳しい反応を呼び、安倍政権の「中国叩き」効果は半減し、「歴史修正主義」といった日本への懸念を生んだ。

あとがき

本書はボーダースタディーズ（境界研究・国境学）のなかでもフィジカルかつハードな分野、つまり領土に関わる諸問題を題材とする。北米や欧州で学問的に先行したボーダースタディーズは、北海道大学グローバルCOEプログラム「境界研究の拠点形成」などにより、我が国でも近年、定着しつつあり、本書の他に、オックスフォード大学出版局のVery Short Introductionsシリーズの一冊*Borders*の翻訳を始め、様々な書籍の刊行が予定されている。ボーダースタディーズが包摂する分野は広く、例えば、ボーダーランズ（境界地域）の経済学的研究、地域生活者の人類学的研究、越境者の社会学的研究、ボーダーをテーマとした観光学的研究など、まさに学際的な様相を呈している。本書読者には、領土問題にまつわる「暗く」「重い」コンセプトのみならず、国境・境界の有する「明るく」「前向きな」側面にも目を向けてほしい。ボーダースタディーズの提示する、この対照的な国境・境界イメージを理解することは、「領土という病」に対するひとつの鎮静剤にもなるだろうから。

岩下明裕

ボーダースタディーズ関連ホームページ

・北海道大学グローバルＣＯＥプログラム「境界研究の拠点形成」アーカイブ（二〇〇九年七月～一四年三月）
http://src-h.slav.hokudai.ac.jp/BorderStudies/index.html

・北海道大学スラブ・ユーラシア研究センター境界研究ユニット（ＵＢＲＪ）
http://src-h.slav.hokudai.ac.jp/ubrj/index.html

・境界地域研究ネットワークＪＡＰＡＮ（ＪＩＢＳＮ）
http://src-hokudai-ac.jp/jibsn/index.html

・特定非営利団体法人　国境地域研究センター（ＪＣＢＳ）
http://borderlands.or.jp/

・境界地域研究学会（Association for Borderlands Studies）
http://absborderlands.org/（英語）

執筆者紹介

岩下明裕（いわした　あきひろ）

所　属―北海道大学スラブ・ユーラシア研究センター教授

専門分野―ボーダースタディーズ（境界研究・国境学）

山﨑孝史（やまざき　たかし）

所　属―大阪市立大学大学院文学研究科・文学部教授

専門分野―政治地理学、地政学、沖縄研究

福原裕二（ふくはら　ゆうじ）

所　属―島根県立大学大学院北東アジア開発研究科・総合政策学部准教授

専門分野―国際関係史、朝鮮半島地域研究

本間浩昭（ほんま　ひろあき）

所　属―毎日新聞社北海道支社報道部根室記者

土佐弘之（とさ　ひろゆき）
所　属─神戸大学大学院国際協力研究科教授
専門分野─政治思想、国際関係論

若宮啓文（わかみや　よしぶみ）
所　属─日本国際交流センターシニア・フェロー、元朝日新聞主筆

本田良一（ほんだ　りょういち）
所　属─北海道新聞社編集局報道センター編集委員

和田春樹（わだ　はるき）
所　属─東京大学名誉教授
専門分野─ロシア・ソ連史、現代朝鮮研究

岡田　充（おかだ　たかし）
所　属─共同通信社客員論説委員

天児　慧（あまこ　さとし）
所　属─早稲田大学大学院アジア太平洋研究科教授
専門分野─現代中国論、東アジア国際関係論

領土という病——国境ナショナリズムへの処方箋

2014年7月25日　第1刷発行

編著者　岩　下　明　裕

発行者　櫻　井　義　秀

発行所　北海道大学出版会

札幌市北区北9条西8丁目 北海道大学構内（〒060-0809）
tel. 011(747)2308・fax. 011(736)8605 http://www.hup.gr.jp/

㈱アイワード

ISBN 978-4-8329-6792-2